"山西八大文化品牌"丛书
编委会

主　　　任：胡苏平
编　　　委：杨　波　李高山　李福明　郭玉福　郭　健　杜学文
　　　　　　刘英魁　尹天五　胡励耘　王宇鸿　卢　昆　李广洁
　　　　　　王淑敏　王舒袖　吕芮宏　武献民　渠传福　王梦辉
　　　　　　梁申威　谢一兵　王招宇　谢振中
总　策　划：杜学文
丛书主编：卢　昆
丛书副主编：武献民　王梦辉　梁申威　谢一兵
图片作者：（按姓氏笔画排列）
　　　　　　王　慷　王修筑　王计汝　王　军　吕雁军　朱正明
　　　　　　任志明　李广洁　李　颖　佟永江　张志强　吴　杰
　　　　　　杨小川　周祝英　柏学玲　郝文霞　侯　霆　饶二保
　　　　　　祝振英　侯丕烈　梁　铭　韩贵福　樊文珍
照片提供：中共山西省委宣传部　中共太原市委宣传部
　　　　　　中共大同市委宣传部　中共朔州市委宣传部
　　　　　　中共忻州市委宣传部　中共吕梁市委宣传部
　　　　　　中共晋中市委宣传部　中共阳泉市委宣传部
　　　　　　中共长治市委宣传部　中共晋城市委宣传部
　　　　　　中共临汾市委宣传部　中共运城市委宣传部
　　　　　　山西博物院　山西省文物资料信息中心
　　　　　　山西画报社
地图设计：谢一兵

本册作者：武献民　杨丽红　赵树婷　王秀红

编委会主任　胡苏平　　丛书主编　卢　昆

"山西八大文化品牌"丛书

抗战文化

武献民　杨丽红　赵树婷　王秀红　著

山西出版传媒集团　山西人民出版社

序

山西省委常委、宣传部长　胡苏平

"山西八大文化品牌"丛书就要同大家见面了。这套丛书是应广大读者的愿望，在《山西八大文化品牌》基础上改版而成的，旨在让读者更方便地阅读、研究和使用，进而更好地发挥其作用。

党的十八大以来，党中央高度重视弘扬中华优秀传统文化。习近平总书记深刻指出，没有中华文化繁荣兴盛，就没有中华民族伟大复兴。要求系统梳理传统文化资源，让收藏在禁宫里的文物、陈列在广阔大地上的遗产、书写在古籍里的文字都活起来。山西省委、省政府和各级宣传文化部门，以高度的文化自觉和文化自信，深入挖掘研究、宣传推介以 "三个一"（即一座都城——襄汾约4500年前的陶寺遗址，一堆圣火——芮城约180万年前的西侯度文化遗址，一缕曙光——垣曲约4500万年前的"世纪曙猿"化石）和"三个文化"（即源远流长的法治文化，博大精深的廉政文化，光耀千秋的红色文化）为代表的优秀传统文化，推出了一批有价值、有影响的成果。在已有成果的基础上，编辑出版"山西八大文化品牌"丛书就是其中一项重要的工作。

山西历史悠久，人文荟萃，是华夏文明的重要发祥地。在五千年的历史变迁中，山西积淀生成了非常丰厚的文化资源。这些资源，是哺育和激励一代又一代山西人奋力前行的宝贵财富。如何挖掘、梳理这些宝贵财富，提炼出有代表性、有影响力的文化符号，并逐渐塑造成文化品牌，是我们在推动文化旅游产业发展和文化强省建设中，迫切需要解决的重大课题。"山西八大文化品牌"丛书在这方面进行了富有价值的思考和探索，做出了积极的贡献。全书从山西文化的特色和亮点切入，重点对华夏之根、黄河之魂、晋商家园、关公故里、佛教圣地、古建瑰宝、边塞风情和抗战文化等八大文化品牌，进行了比较系统的研究，并着眼于山西全面建成小康社会决胜阶段改革发展和文化建设的实际，提出了将这些资源优势转化为发展优势的有益建议。可以说，这套丛书为读者深层次地了解、认识山西文化打开了一条便捷的通道，也为发掘展示、传承弘扬山西优秀传统文化，树立山西的良好形象，提供了翔实的资料。总体来看，这套丛书推介的八大文化品牌，都具有比较鲜明的特色：一是独特性。它们体现了独具特色的文化内涵，有的甚至在人类文明的发展进程中是独领风骚、不可或缺的，其文化品格不同凡响、不可替代；二是地域性。这些文化形态是在三晋这块古老的土地上形成、发展、光大的，具有鲜明的地域文化色彩；三是丰富性。其表现形态，既体现在文化遗产存留的物质载体中，更体现在形式多样的非物质文化遗产中；既具有品质卓绝的物质遗存，更具有非常生动的精神文化内涵；不仅是对人类文明发展进程的历史性呈现与记录，同时也对当今时代具有非常重要的现实意义。

文化建设，功在当代，利在千秋。传承弘扬优秀传统文化，任重而道远。衷心希望社会各界有识之士，加入到山西优秀传统文化的发掘、研究中来，推出更多有深度、有分量的成果，为山西文化、中华文化的繁荣兴盛作贡献。

目 录

山西省政区交通图 …………………………………… 001
山西省地形图 ………………………………………… 002

品牌定位

山西在全国率先形成抗日统一战线 ………………… 006
平型关大捷是中国抗日战争全面爆发后取得的第一个胜利 …… 018
忻口会战是国共团结抗日的典范 …………………… 024
山西是敌后抗日根据地中心 ………………………… 029
山西是第二次世界大战东方战场的重要战略支点 …………… 041

品牌内涵

指导抗战的先进理念 ………………………………… 056
光耀千秋的太行精神 ………………………………… 064
永垂不朽的国际主义情怀 …………………………… 073

品牌亮点

红军东征纪念馆及红军东征指挥部旧址 …………… 084

山西国民师范旧址	087
八路军总部纪念地	088
平型关大捷遗址	095
奇袭阳明堡日军机场遗址	097
忻口会战遗址	099
七亘大捷战场遗址	100
百团大战纪念碑	102
五台晋察冀边区临时行政委员会遗址	104
兴县蔡家崖晋绥边区革命纪念馆	106
左权县晋冀豫边区监督参议会遗址	108
沁源太岳军区司令部旧址	110
黄崖洞八路军兵工厂遗址	112
左权烈士陵园	115
范亭中学和续范亭纪念堂	118
薄一波故居	120
徐向前故居	122
白求恩模范病室遗址	125
临汾"克难坡"遗址	128
阎锡山故居	129
日军暴行罪证	131
审判日本战犯太原特别军事法庭旧址	136
太原日本战犯管理所旧址	143
编后语	147

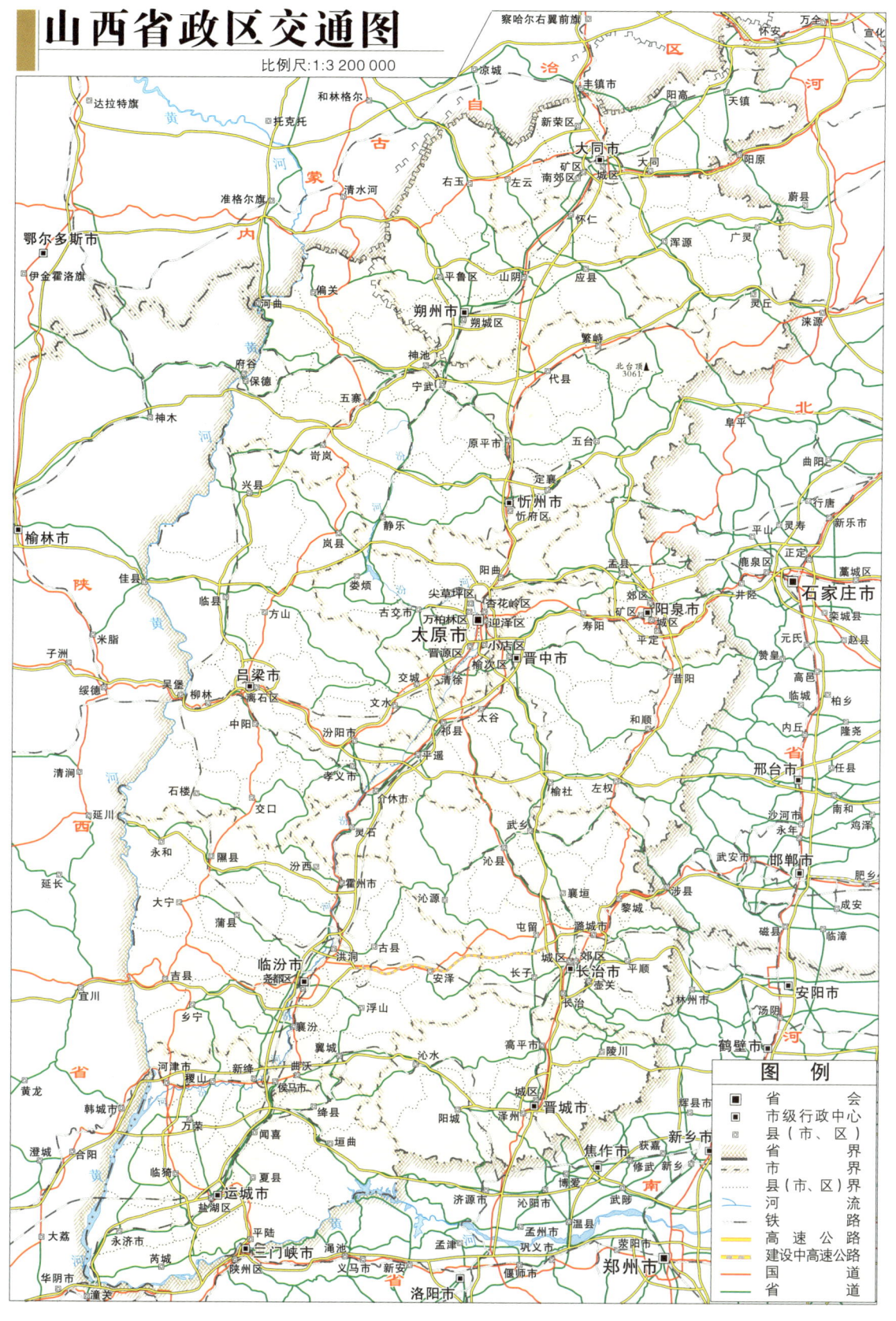

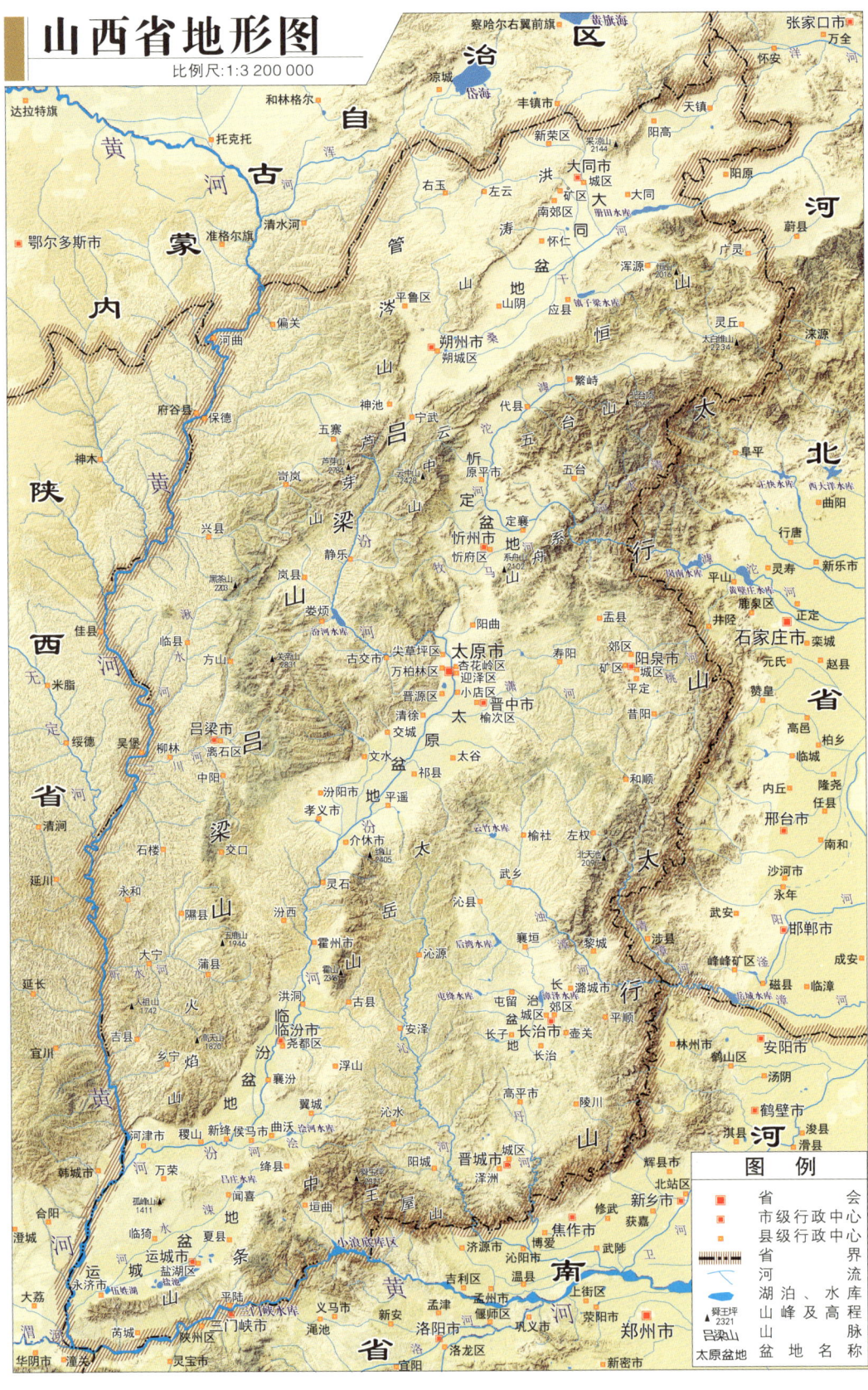

中国抗击日本帝国主义战争是第二次世界大战反法西斯战争的重要组成部分。山西抗战是中国完整的历史文化链条中悲壮光辉的重要一环。山西地区是中国抗日军民抵抗日本帝国主义的重要战场，活跃着一批民族精英，进行着不屈不挠的抗争，谱写了一部民族复兴的大型历史活剧。山西人民承担了超越极限的战争苦难，付出了无与伦比的巨大牺牲，做出了无可比拟的卓越贡献，创造了内涵丰富、光耀千秋的抗战文化。

PINPAIDINGWEI 品牌定位

山西抗战文化是中国军民在山西地区抗击日军侵略、争取民族解放的伟大战争中进行的一切社会实践的总和、创造的一切观念形态和精神风貌的总和，是中国军民在山西地区共同构建的极具中国特色的先进文化。山西抗战文化所彰显的独特而又富有生命力的民族精神，是山西人民也是中华民族乃至世界人民弥足珍贵的精神财富。

山西抗战文化不仅书写了中国抗战史上最具创造性、开放性和坚韧性的光辉一页，而且沟通和延续了近代中国革命的历史和未来，为中国革命的胜利和中华民族的复兴、为世界反法西斯战争的胜利和国际正义力量的壮大，奠定了坚实的基础。

山西在全国率先形成抗日统一战线

红军东征完成逼蒋、阎抗日

1935年10月，中央红军长征到达陕北。当时日本帝国主义正在策划"华北事变"，要变中国为它的殖民地，中日民族矛盾上升为中国社会的主要矛盾。面对华北危亡，中国共产党召开瓦窑堡会议，确立了中央红军渡河东征山西、开辟抗日通道等战略方针。这是一次影响中国革命进程的英明战略行动。第一，山西东邻河北，北接察、绥，南靠河南，西壤陕西，既是红军对日作战的必经之地，又是中国共产党把统一战线推向华北乃至全国的理想通道。第二，与陕西相比，山西地宽人稠，物力富饶，财力充盈，红军东进山西在钱粮筹集、兵员补充等方面均可得到解决。第三，红军东征一方面能够吸引与调动入陕晋绥军，减轻陕甘苏区压力；另一方面还能够在山西开创新的根据地，扩大苏区影响。第四，红军东征山西，避开与在陕西的东北军、西北军的正面冲突，利于开展对东北军和西北军的统战工作。

1936年2月20日，由红1军团、红15军团、红28军和黄河游击师组成的中国工农红军抗日先锋军约1.3万人，在毛泽东、彭德怀的指挥下，突破黄河防线，直插吕梁山区，初战即以伤亡300余人的代价，歼灭与击溃晋绥军5个团，俘敌1200余人，攻占石楼、中阳、孝义、隰县四县交界具有战略意义的地区。傲立在黄河岸边，毛泽东挥笔写就千古绝唱《沁园春·雪》。红军所到之处，东至同蒲路，西至黄河岸，半个山西沸腾起来。

在红军主力实行战略展开后，中共中央政治局于3月20日至27日举行晋西会议，这是迄今中国共产党在山西召开的规格最高的会议。毛泽东、周恩来、洛甫、秦邦宪、王稼祥、邓发、凯丰、张浩、彭德怀以及林伯渠、杨尚昆、陆定一等出席会议。会议由张闻天主持，决定"争取迅速对日作战为党与红军的重要任务"，"以发展求巩固"为战略方针，并决定今后党中央不再随军行动。张闻天、周恩来、秦邦宪等于3月28日离开石楼，4月初回到陕北瓦窑堡。

红军东征后，国民党中央军配合阎军向晋西逼近。为了保存国防实力，避免内战，一致抗日，5月2日，红军回师西渡。5月5日，毛泽东、朱德发表《停战议和一致抗日通电》，这标志着中国共产党由"反蒋抗日"到"逼蒋抗日"的策略转变。

红军东征75天,足迹踏遍山西53个县,歼敌7个团,俘敌4000余人,缴获各种枪支4000余支、火炮20余门,在20多个县建立了苏维埃政权和农会,8000多名热血青年参加了红军,建立地方游击队30多支,把抗日的火种播向了三晋大地,为山西抗日民族统一战线的建立创造了有利条件。当时的国民党《救国时报》载文指出,自红军东渡以来,晋省民众多主张实行联合、抗日讨逆;

纪念红军长征暨红军东征七十周年大会

入晋红军每9人中,除4人为红军旧部外,2人为之前在陕北投入红军之张学良部下,3人为新近投入红军之晋省民众,红军如此博得国人之同情,其势力必日益扩大与发展。红军东征的意义,用毛泽东的4句话来概括就是"打了胜仗,唤起了民众,扩大了红军,筹集了财物"[①]。

红军渡河东征、抗日讨逆的爱国义举,一是政治上宣传了共产党团结抗日的主张,发动群众建立了党的组织,播下了革命火种,逼迫蒋介石、阎锡山抗日救国;二是经济上打破了国民党对陕甘苏区的封锁,筹集抗日经费30万元,其他物资20万元,对解决陕甘苏区的经济困难和增强红军实力起到了重要作用;三是军事上沉重打击了蒋、阎"反共"军队,冲破了国民党军队对陕甘根据地的包围,为巩固和扩大中央苏区做出了重大贡献。

中国共产党对阎锡山的争取工作

红军回师陕北后,有三种力量摆在阎锡山面前:一是中国共产党。红军东征及其胜利,使中国共产党提出的抗日民族统一战线主张,不仅得到爱国群众的拥护和支持,而且在山西当局的核心组织中也产生了广泛影响,引发了有利于抗日救亡运动的变化。二是国

---

① 巨文辉:《毛泽东与红军东征》,见《红军东征》下册,664页,中共党史出版社,1997。

民党蒋介石。他们对阎锡山大施阴谋手段，不仅指令援助晋绥军拦阻东征红军的部队赖在山西不走，而且派遣大批特务钻入阎锡山的各种机构肆意活动，利用山西内部的派系矛盾收买阎锡山手下的军政要员，策动"河东道独立"，企图挤垮阎锡山，霸占山西这块地盘。三是日本帝国主义。日本侵略者1936年6月在天津迫使国民党当局批准了《何梅协定》，接着又策划"华北五省自治运动"，阴谋把华北变成第二个"满洲国"，气焰十分嚣张，触角已经伸到阎锡山统治范围的外围，严重威胁着阎锡山的安全。这三种政治势力使阎锡山处在"三颗鸡蛋上跳舞"的难堪境地。内忧外患的双重压力，加速着阎锡山在"怎么办"问题上的解决进程。

党中央在对阎锡山的政治态度进行科学分析的基础上，认为有可能推动阎锡山从"降日"到"抗日"、从"反共"到"联共"的矛盾转化，于是回师陕北后即发出《停战议和一致抗日》的通电，以强大的政治优势加紧对阎锡山的统一战线工作，通过多种关系和渠道促进阎锡山态度的积极转变。

1936年5月下旬，毛泽东、周恩来再次接见晋军团长郭登瀛，详尽地阐明中国共产党关于建立抗日民族统一战线的政策，希望他回山西说服和动员阎锡山走"联共抗日"的道路。毛泽东请他转递致阎锡山的信。信中写道："百川先生，敝军西渡，表示停止内战，促致贵部及蒋氏的觉悟，达到共同抗日之目的。"站在日本人、蒋介石、共产党之间摇摆的阎锡山，不得不改弦更张，从共产党身上寻找出路。民族革命大同盟华北办事处主任朱蕴山、北方局特科负责人南汉宸、中共中央和红军代表彭雪枫，频繁与阎锡山秘密会晤，达成了取消山西反共组织、取消对苏区的封锁、组织一个抗日的民众团体、在太原建立中共和红军的联络机关等协议。随着党中央和红军驻晋秘密联络站的建立，对阎锡山的统战工作富有成效地开展起来。首先，敦促山西当局在西安事变中采取明智立场，以抗日救国大局为重，支持和平解决西安事变；其次，实现陕北苏区与山西当局的通讯联系和经济通商，在太原设立中国共产党的秘密电台，在吉县、大宁、蒲县等地开办粮行、布庄；第三，推动阎锡山联共抗日，在1936年秋冬促成阎锡山与共产党合作抗日。

山西在全国最早形成抗日民族统一战线

改组"牺盟会"

1936年9月18日，山西牺牲救国同盟会（简称"牺盟会"）成立，阎锡山任会长，赵戴文任副会长。这个组织原来是由阎锡山的核心组织"自强救国同志会"内的爱国进步人士发起的。牺盟会的成立是阎锡山进行"守土抗战"的表现，也是山西思想开放的发端。它不仅反映了山西人民奋起抗日救国的坚强意志，而且表达了全国亿万人民独立自主的强烈愿望，为抗日民族统一战线的形成奠定了必要的基础。然而，牺盟会存在着先天不足。首先，在组织领导上占主导地位的是自强救国同志会和公道团的顽固分子，他们本能地破坏和阻挠牺盟会的发展；其次，由于主观条件的限制，牺盟会的发展方向仅仅着眼和局限于小资产阶级知识阶层的狭窄范围，脱离工人农民，失去了赖以支撑和发展的群众基础；第三，表现出政治上和思想上的激进情绪，提出一些激进口号，给内外反动势力的疯狂仇视和夹击提供了借口。日本帝国主义采取双管齐下的手法，一方面指令日军在太原的特务机关向阎锡山提出抗议，要求立即取缔牺盟会；另一方面又命令日本驻南京大使馆照会国民党政府外交部，要求蒋介石问罪阎锡山。蒋介石出于自己统治的需要和日本方面的压力，通过孔祥熙向阎锡山提出责难。阎锡山统治集团内部的反共顽固派亦趁风扬土，请求阎锡山解散牺盟会。在日、蒋、内部顽固势力的三重压力下，阎锡山十分不安，一方面进行推诿与周旋，一方面给牺盟会施加压力。牺盟会陷入无法开展工作的困境。此时的阎锡山"守土抗战"的决心没有变，力图组织一支新的能抗战的力量的指导思想没有变，但又深感依靠牺盟会原班人马无法达到动员群众、扩大实力、"守土抗战"的目的。为了把牺盟会这块牌子支撑起来，阎锡山经过反复思考和再三权衡，认为薄一波是帮助他"共策保晋大业"的能人，是对付日本人、蒋介石的理想人选，便把振兴牺盟会的希望寄托在薄一波身上。

　　党中央和北方局十分关注山西局势的发展，把牺盟会视为中国共产党与阎锡山建立统战关系的重要纽带。1936年8月下旬，阎锡山派人到北平邀请刚被营救出狱的薄一波回山西共策保晋大业，被薄一波拒绝。当时主持中共中央北方局工作的刘少奇得知这一消息，认为"阎锡山是封建性很重的统治者，由于敌人对山西的进攻，他需要'守土抗战'，他在抗战中需要实行一些进步的办法，目的是保持他对山西的统治。因此，他的进步是有限的，是暂时的。但是他能抗战与实行进步的办法，是好的，对革命是有利的，我们应该援助他抗战"①。他马上指派徐冰向薄一波转告他的意见，并转达毛泽东 8 月 14 日电报精神，说明对阎锡山开展上层统一战线工作的必要性和重要性，坚定地指出："去也得去，不去也得去。彻底转变我们过去的斗争方式与工作方法，学习和创造新的斗争方式与工作方法，这是新形势向我们提出的要求。"② 9 月薄一波到山西太原做了 40 天的实地考察，向北方局做了报告。北方局批准了这个报告，并决定除薄一波外，加派杨献珍、董天知、韩钧、周仲英四人第一批到山西做阎锡山的统战工作。临行前刘少奇通过徐冰向薄一波转达三条指示：（一）不要搞"左"倾关门主义和空谈主义，首先争取站稳脚跟；（二）不做"清客"，不"抬轿子"，争取抗日民族革命的领导权，踏踏实实做群众工作；（三）成立做山西统战工作的党的工作委员会，直接接受北方局领导。薄一波等人到山西后，于 1936 年 11 月 4 日与阎锡山进行了一次重要谈话，提出三条原则："第一，宣传共产党抗日救亡的主张，不应受到限制。第二，对抗日救亡有利的事情，我们都做；不利的事情都不做。第三，在用人方面给予方便，对我们有用的人，要保证安全。"③阎

---

① 《六年华北华中工作经验的报告》，见《刘少奇选集》上卷，262 页，人民出版社，1981。

② 薄一波：《七十年奋斗与思考》上卷，200 页，中共党史出版社，1996。

③ 薄一波：《刘少奇同志的一个历史功绩》，载《人民日报》，1980 年 5 月 5 日。

锡山全部答应了这三个条件。这是山西特殊形式统一战线正式建立的开始，也是以共产党员和进步分子为骨干的"山西新派"扩大的起点。其突出特点是：薄一波等人不是以共产党公开代表的身份与阎锡山合作，而是以抗日活动家的身份，帮助阎锡山抗日，表面上是阎锡山领导，实际上接受北方局领导，用阎锡山的形式和语言，合法地开展抗日救亡工作。在中共中央和北方局的领导下，薄一波领导的公开工作系统运用牺盟会这个特殊形式的统一战线组织，开办村政训练班、军政训练班、民训干部团、国民兵军官训练团、牺盟特派员训练班等，培养了大批抗日军政干部，并营救王若飞等被关押在太原的共产党人出狱。处于秘密状态的中共山西工委，在张友清的主持下，大量发展共产党员，积极恢复各地党组织。山西抗日救亡运动的热潮一浪高过一浪，在卢沟桥事变前，山西先于全国形成了抗日民族统一战线的局面。在阎锡山组织和指挥的绥东抗战中，傅作义收复百灵庙，全国为之振奋。

成立"动委会"

"动委会"是第二战区民族革命战争总动员会的简称。这是抗战时期中国共产党与阎锡山合作的重要组织之一。1937年9月初，中共中央代表和八路军领导人彭德怀、林彪、聂荣臻、徐向前、萧克等到达山西后，周恩来、彭德怀按照中央关于动员组织民众、支持山西抗战的指示，向阎锡山提出建立有各方代表参加的战地动员委员会的建议，被阎锡山采纳。9月20日，动委会在山西大学成立，由阎锡山、共产党八路军、晋察绥三省政府、第二战区各军及民间组织组成。主要任务是发动、组织和武装群众，协调各个部队和抗日组织之间的关系，为抗日部队提供物资和兵源，组织武装力量配合主力部队开展游击战。动委会由第二战区高级参议、国民党左派爱国将领续范亭担任主任委员，邓小平、程子华、彭雪枫、南汉宸为中共委员，其中，程子华和南汉宸常驻动委会，程子华兼任武装部部长，南汉宸兼任组织部副部长。其动员区域主要包括绥远、察哈尔和晋西北、雁北、晋东北地区。各级（包括县、区、村）动委会是发动群众支援和参加抗战的领导机关，起着政府同民众之间的桥梁作用，有的地方（主要是旧政权瓦解的地区）则具有半政权的性质。动委会组织了训练班，由续范亭、程子华和南汉宸为主要教官，为主力部队培养军事领导人才。晋察冀各县相继成立动委会。动委会活动范围包括雁门关外18县、晋北12县、察南5县和绥远全省。动委会在不到半年的时间内，组织了25支游击纵队，共计3.5万人；自卫队6.5万人，形成了山西主要的抗战力量。1937年11月8日，太原失守，动委会将游击纵队合编为第一路纵队，由程子华负责指挥，与八路军120师共同阻击了1万余日军1938年2月对晋西北的侵犯，保护了陕甘宁边区的安全。中共中央对于动委会的工作给予了极高的评价。

阎锡山和共产党合作的主要目的是为了保住山西，随着日军对山西地方的不断占领，阎锡山的悲观情绪不断增长，加之中国共产党在山西的实力日益壮大，1938年7月阎锡山假借中央政府的名义，要求解散动委会，续范亭和周恩来极力反对，但阎锡山还是在

1939年7月1日解散了动委会。1939年8月程子华被召回延安参加六届六中全会，会后，中共中央决定程子华任冀中军区政委。动委会对中国共产党的具体贡献是奠定了广泛的群众基础，建立了具有实力的游击部队，对华北建立广泛的根据地起到推动作用。

建立山西新军

中国共产党在山西的统一战线工作，在发展武装力量方面的突出贡献是建立山西新军。山西新军是针对阎锡山的旧军而言，是在中国共产党抗日民族统一战线政策的影响和推动下，由薄一波同志负责的山西牺牲救国同盟会(简称"牺盟会")组织起来的一支抗日武装。这些部队的隶属关系、战斗序列属于阎锡山军队，但部队的实际领导权却掌握在共产党手里。山西新军主要包括下列各个部队：山西青年抗敌决死第一纵队至第四纵队、山西工人武装自卫旅、陆军暂编第1师、政卫209旅、政卫212旅、政卫213旅。山西新军是通过四种不同的方式建立起来的。第一种是通过牺盟会的组织，建立了山西青年抗敌决死队。薄一波回山西主持牺盟会以后，为了推动山西的抗日救亡运动，举办了军政训练班、民训干部教练团、国民兵军官教导团等各种组织，全省牺盟会员发展到七八十万人。1937年七七事变后，薄一波根据中共中央北方局的指示，以及阎锡山感到山西旧军在日军进攻面前战斗力很弱急欲扩充实力的实际，向阎锡山建议组建山西青年抗敌决死队(简称"决死队")。阎锡山同意先试建一个总队(简称"决死一总队")。1937年8月1日决死队正式成立，各级军事干部由阎锡山指派旧军官担任，政治委员和政治工作干部则绝大部分是共产党员。到1938年春天，决死队发展为四个纵队。第二种是中国共产党通过战地总动员委员会这一统战组织组建的陆军暂编第一师。师长由抗日爱国将领续范亭担任，共产党员张希钦任参谋长。第三种是中国共产党通过山西省总工会组建的山西工人自卫旅。1937年"九一八"六周年纪念大会上，山西省总工会宣告成立，并以省总工会的名义要求阎锡山给工人发放武器，武装保卫山西，从而组建了山西第一支工人抗日武装。第四种是1938年春中国共产党通过牺盟会乡宁中心区把晋南各县的自卫队、游击队合编成政卫一支队和政卫二支队。1939年，发展成政卫209旅、212旅和213旅。山西新军迅速发展壮大，到1938年已发展到50个团（其中46个正规团）5万余人。

1939年，阎锡山发动"十二月事变"，以6个军进攻决死第二纵队和晋西独立支队。为了粉碎敌人的进攻，便于统一指挥，晋西北区党委根据党中央的指示，于1940年1月成立新军总指挥部。续范亭任总指挥，罗贯波任政委，雷任民、张文昂任副总指挥，张希钦任参谋长，下辖决死第二纵队、决死第四纵队、暂一师、工卫旅。3月初，对晋北新军进行整编，以续范亭为司令员，罗贯波为政委，决死第一纵队清除了阎锡山的旧军官，由薄一波任纵队长兼政委，牛佩琮为副纵队长兼政治部主任，严天民为参谋长。决死第三纵队除被反动军官拉走3个多团外，其余编入八路军第二纵队。1940年11月7日正式成立了晋西北军区，暂一师，决死第二、四纵队，工卫旅都编在军区序列内；决死第一纵队编入由刘伯承、邓小平领导的129师的战斗序列，在抗日战争胜利后正式归入中国人民解放军的建制。

毛泽东高度评价了山西特殊形式的抗日民族统一战线,认为"这是我们党统一战线政策的一个成功的例证"。刘少奇在总结华北党组织这一时期的经验时指出:"在一个重要的、复杂的、紧急的关头,我们没有迷失方向,没有堕落为政治上的庸人,而是在克服了许多错误的意见之后,正确、及时地决定了前进的方向,并且动员和组织了数百万群众朝着我党指定的方向前进了。"①

平型关大捷是中国抗日战争全面爆发后取得的第一个胜利

历史背景

平型关位于内外长城之间的晋北地区,在灵丘西40公里的平型岭隘口,古称瓶形寨,金时为瓶形镇,明、清称平型岭关,据说因关岭城墙形状如瓶而得名。这里曾经是赵武灵王"辟地千里"、汉武帝刘彻北击匈奴、三国曹操驻兵屯田、北宋杨家将抗辽守边之

---

① 刘少奇:《六年华北华中工作经验的报告》,见《刘少奇选集》上卷,263页,人民出版社,1981。

平型关大捷遗址

所。灵丘县于西汉初公元前99年设置至今,因赵武灵王陵墓在县城而冠名。

在20世纪30年代,日本帝国主义经过长期准备,于1937年7月7日发动卢沟桥事变,正式发动全面侵华战争。由于以蒋介石为首的国民党政府采取"不抵抗"政策,侵华日军短短20多天便占领了天津、北平,并以此为基地大举向华北进攻,妄图占领整个华北,进而快速吞并整个中国。日军兵分三路,分别沿津浦、平汉、平绥铁路进军。其中,东条英机率关东军"蒙疆兵团"由阳高、天镇南下,平绥路日军主力板垣征四郎的第5师团由怀来经蔚县、涞源向保定策应作战,向西、向南攻入山西。日军叫嚣:"一个月占领全部山西,三个月灭亡中国!"

山西四面环山,地势险要,素有"华北屋脊"之称,在军事上

被兵家称为"华北之锁钥"。侵华日军认为，只要控制了山西就掌握了整个华北战场的主动权，在华北战场实施的侵略战争中，把抢

平型关战役略图

比例尺 1:120 000

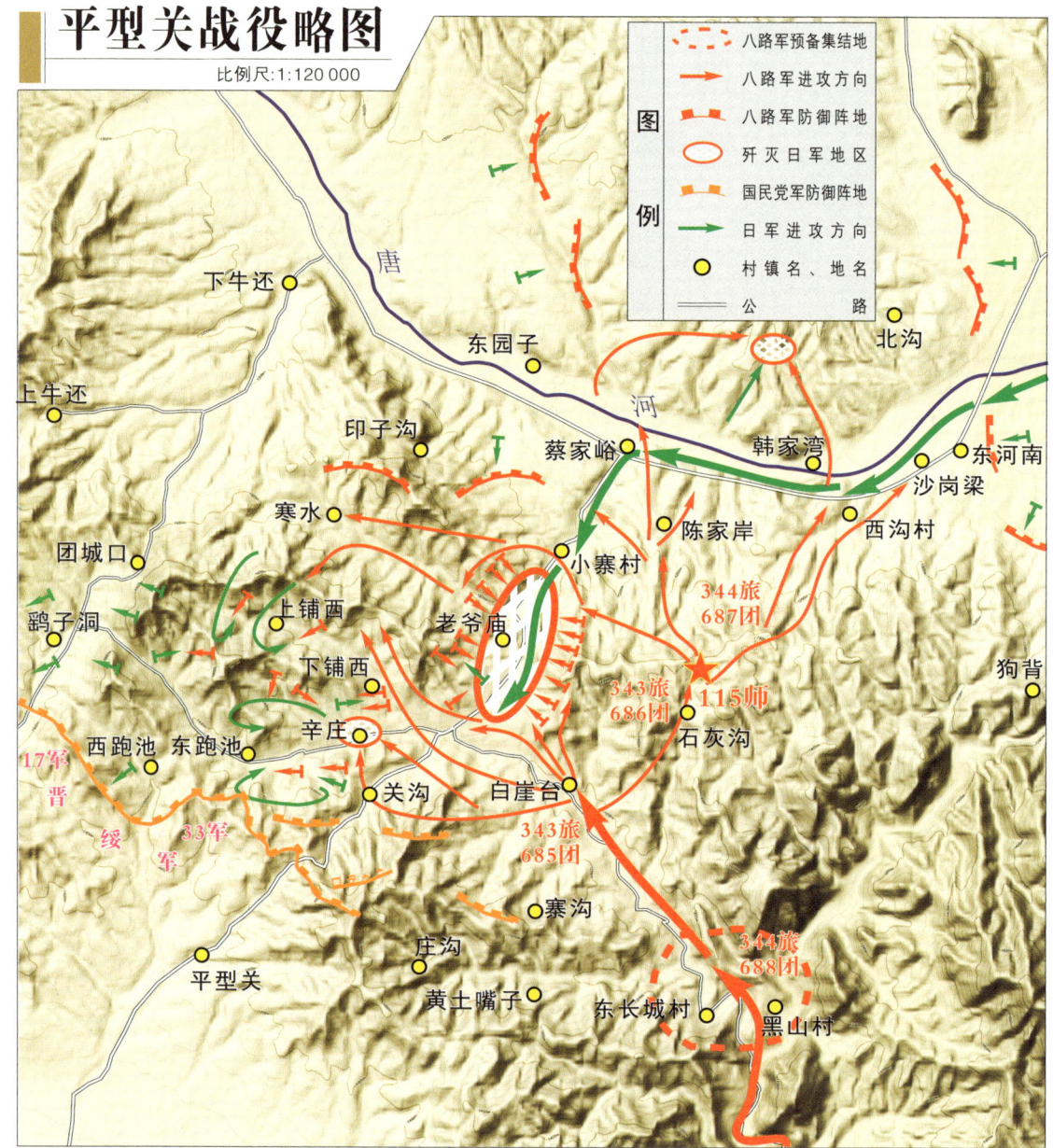

占山西当做重中之重。而日军欲图晋绥，必先夺太原；欲夺太原，必先夺大同、平型关。1937年9月1日，日军开始进攻山西，一路横行肆虐，没有遇到有效抵抗。9月10日，日军攻入阳高县城，屠杀无辜群众千余人；12日，日军占领天镇，屠城3天，2300余名群众遇难，灭户293家；13日，大同失守；14日，日军侵占广灵、怀仁县城；16日，日军占领浑源县城；18日，左云、山阴两个县城失守；20日，日军侵占灵丘、应县；28日，日军攻陷朔县，屠城3天，3800余名无辜群众惨遭杀害。9月9日到28日的19天内，日军接连攻占雁北11个县城，而后兵分两路向雁门关、平型关一线进攻，日益逼近太原。

中国方面，第二战区司令长官阎锡山部署的大同会战计划流产后，根据雁门关一带兵力虽多而无用，而平型关一带则兵力空虚、危如累卵的实际，制定了沿长城各隘阻击日军的作战计划，在平型关方面，决心集合重兵歼灭来犯之敌，并请求八路军配合侧击日军。平型关大捷就是八路军115师在这样的背景下取得的。

平型关大捷

1937年9月中旬，八路军115师在师长林彪、副师长聂荣臻的指挥下，根据作战计划，开抵平型关地区集结待机。

9月14日，115师先头部队进抵大营，派出侦察部队调查平型关地区的地理情况和敌情，为平型关歼敌做各种准备。22日，日军第5师团第21旅团一部，由灵丘向平型关进犯，并占领东跑池地区。23日，115师决定抓住日军骄横、疏于戒备的弱点，利用平型关东北的有利地形，以伏击手段歼敌，并召开连以上干部会议，进行深入的战斗动员。24日深夜，115师利用暗夜和暴雨，秘密进入白崖台等战斗阵地。25日拂晓，日军第5师团第21旅后续部队乘汽车100余辆，附辎重大车200余辆，沿灵丘—平型关公路由东向西开进。7时许，该部全部进入第115师预伏阵地。第115师抓住战机，立即命令全线开火，并乘敌陷于混乱之际，适时发起冲击。115师一部歼敌先头，阻其沿公路南窜之路；一部分割包围日军后尾部队，断其退路；一部冲过公路迅速抢占老爷庙及其以北高地；一部阻断先期占领东跑池的日军回援；一部阻断日军第5师团派出的增援部队。激烈的战斗持续到27日白天，敌人终未能冲破包围，敌板垣师团21旅遭歼灭性打击。

平型关大捷取得重大战果。八路军115师共击毙日军1000余人，击毁汽车100余辆，缴获马车200余辆、步枪1000余支、机枪20余挺、火炮1门，以及大批军用物资。

八路军115师因为日军死不缴械，伤亡也很严重。据聂荣臻的卫士长阮受贤回忆，115师约有900人伤亡。《抗战以来的八路军、新四军》一书记载：中国军队团营干部5人负伤，以下近千人伤亡。有一个连百名壮士，凯旋时只剩30多人，连长曾贤生壮烈牺牲。

平型关大捷的意义

平型关大捷是全国抗日战争全面爆发以来中国军队的第一个大

胜仗。从整个抗日战争的历史看，平型关大捷不是大仗，但它震动全国，不仅牵制了日军第5师团的进攻，支援了平汉铁路和同蒲铁路线上的国民党军作战，更重要的是打击了侵华日军的气焰，振奋了全国的民心士气。正如当时的八路军政治部主任任弼时所说，平型关的胜利，给抗战的军队和爱国的人民一种很大的兴奋，并且大大提高了自信心。时任国民党第二战区战地动员委员会主任委员的续范亭指出，平型关战役的特别意义，在于打破了"日军不可战胜"的神话，提高了我们的士气。国民党政府也称平型关大捷为中国军队在平绥线之空前胜利。

从政治上看，平型关大捷中八路军以简陋的装备，用甚至当时民间武装都看不起的武器，主动迎战日军的主力师团，并且首战大捷，突出地显示了八路军的强大战斗力，极大地提高了中国共产党的政治威信，为后来创建敌后抗日根据地奠定了广泛的群众基础。当时，南线的淞沪会战一直处于胶着状态，中国军队伤亡惨重。保定、石家庄等大城市和平汉、津浦路北段的土地大片沦陷，晋绥军也是连续丧师失地。平型关大捷打破"日军不可战胜"的神话，鼓舞了全国人民打败日本帝国主义的

平型关战役遗址碑

斗志。

从军事上看，平型关大捷既打破了日军进攻中国第二战区、从右翼配合日军侵略华北主力在平汉路作战的战略企图，又顿挫了日军向山西腹地深入的进攻势头，为部署忻口会战赢得了时间。

从理论上看，平型关大捷增进了中国共产党领导人对抗日战争规律的认识。毛泽东根据平型关大捷的经验，在1937年9月29日提出了八路军的作战方针：争取群众，组织群众的游击队。在这个总方针下，实行有条件的集中作战。不久又概括为"独立自主的游击战和运动战"，完善了中国共产党指导抗日战争的战略战术。

忻口会战是国共团结抗日的典范

七七事变后，平津很快陷落，山西成为抗战的前沿。9月底，日军突破第二战区内长城防线。10月1日，日军中央统帅部下达进攻太原的作战命令。为保卫山西，国民政府在继天镇战役失利后，组织了忻口会战，也称忻口战役。

忻口距太原90公里，是阻止日军南下攻取太原的最后防线。它位于原平、忻州、定襄三县交界处，两面皆山，呈倒八字形，自古为"晋北锁钥"，是兵家必争之地。在抗日战争的危急关头，忻口会战形成了国共两党两军、山西阎锡山和国民政府蒋介石在战略上相互配合，战役战斗上积极合作；运动战和阵地战相互支援，游击战和正规战相互辉映；领导层相互协调指挥，军事情报互相沟通的团结抗战局面。①

忻口会战从日军1937年10月13日强渡云中河开始,到11月

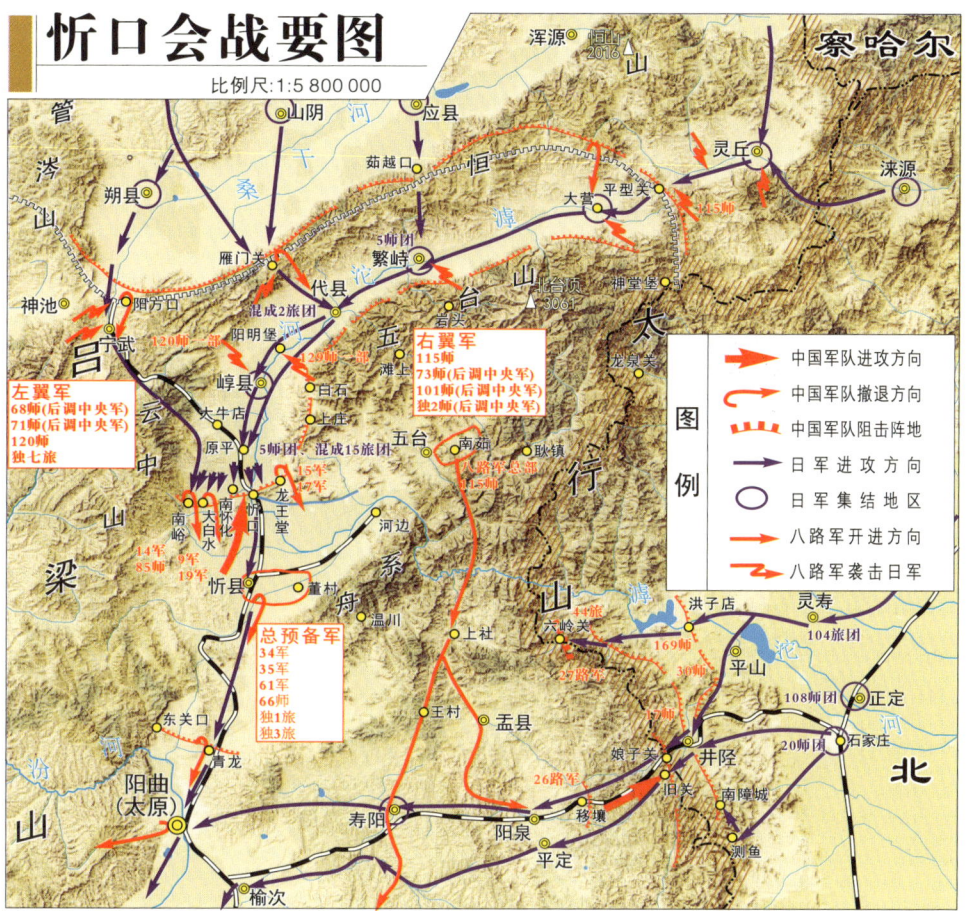

---

① 戚厚杰、王晓华:《黄河魂——第一、二、八战区抗战纪实》,145页,中国档案出版社,2004。

忻口会战遗址

2日卫立煌下令撤离忻口阵地，历时21天。参加忻口会战的有阎锡山的晋绥军、国民党中央军和中国共产党领导的八路军。其中八路军第73师、第101师、新编第2师为右翼，归朱德、彭德怀指挥，在五台山罗圈沟、军马厂、翠岩峰、挂月峰迄鹅口、峪口等构筑阵地；第14集团军，第9、第15、第17、第19军，第196旅，炮兵第27团为中央军，由卫立煌指挥，在蔡家岗、灵山、界河铺、南怀化、大白水至1482高地构筑阵地，另一部在中解村、阳明堡、虎头山、黑峪村构筑阵地；以第68、第71、第120师，独立第7旅，炮兵3个营为左翼，归杨爱源指挥，在黑峪村至阳方口构筑阵地；以第34、第35、第61军，第66师与独立第1、第3旅为总预备队，由傅作义指挥，在定襄、忻县一带，策应各方，共同抵御日军进攻。日军参加忻口会战的兵力共约3个师团，7万余人，配有350多门大炮、150辆战车和300多架飞机。国共守军近10万人以炮兵协同步兵抵御日军飞机、重炮、战车，掩护步兵的猛烈攻击，坚守阵地20余日，歼灭日军2万余人，但自身伤亡惨重，亡2万余人，伤约3.5万人。[①]4位将领血洒疆场，他们是第9军军长郝梦龄中将、第54师师长刘家麒少将、独立第5旅旅长郑廷珍少将、第196旅旅长姜玉贞少将。八路军为配合忻口正面作战，在日军翼侧和后方打击与牵制日军，在灵丘、平型关、大营镇、雁门关等地，积极配合作战，做出了重要贡献。战果最为辉煌的是129师769团夜袭阳明堡飞机场、120师716团截断雁门关交通运输线战役。忻口会战，中国守军以巨大牺牲为代价，给予日军侵华以来最顽强的抵抗和最有力的打击，使日军几乎陷入困境：正面难以推进；侧面不断遇袭，后方交通线被切断，军需品供应濒于断绝；而空中优势，又因阳明堡机场被袭而遭到毁灭性打击。当时日本大阪《每日新闻》报道说："忻口之战，连续总攻6次，支那军顽抗，甚为绝望。其后方受八路军袭扰，粮秣汽油俱绝，深为陷溺，官兵厌战心理充分表露。"但由于10月26日晋东战略要地娘子关失守，忻口守军11月2日被迫撤退。

---

① 数字参见《中国共产党编年史》（1937—1943），972页，山西人民出版社、中共党史出版社，2002。

忻口会战虽然以失败告终，但在会战中八路军、晋绥军和中央军密切协同配合，从正面和侧面对日军展开顽强的、积极的作战，重挫号称精锐的板垣师团，是全国抗战以来华北地区抵抗最坚决、最持久、战绩最显著的会战之一，创造了国共两党两军联合作战的典范，展示出中华民族一致抵御外侮的民族气概，极大地鼓舞了全国军民抗击日军的斗志。毛泽东在1938年3月12日《在纪念孙总理逝世十三周年及追悼抗敌阵亡将士大会上的演说词》中对此作了高度评价。他说："8个月中，陆空两面都做了英勇的奋战，全国实现了伟大的团结，几百万军队与无数人民都加入了火线，其中几十万人就在执行他们的神圣任务中光荣地、壮烈地牺牲了。这些人中间，许多是国民党人，许多是共产党人，许多是其他党派及无党派的人。我们真诚地追悼这些死者，表示永远纪念他们，从郝梦龄、佟麟阁、赵登禹、饶国华、刘家麒、姜玉贞、陈锦秀、李桂丹、黄梅兴、姚子香、潘占魁诸将领到每一个战士，无不给了全中国人民以崇高伟大的模范。中华民族决不是一群绵羊，而是富于民族自尊心与人类正义心的伟大民族……郝梦龄将军等的热血是不会白流的，日本强盗之被赶出中国谁能说不是必然的？"英国著名记者贝特兰在同毛泽东长谈以后，亲自到烽火连天的山西抗日前线作实地考察后，这样记述忻口战役：忻口战役是华北抗战高潮的标志，是指示抗战前途的一个很有意义的吉兆。这次大战所以值得人注意，不但因为两军都遭受重大的损失，同时因为华北日军第一次在阵地战中受到致命的挫折。这是最猛烈的一次大战。

国共两党两军在山西战场上团结合作，中间虽经波折，但一直保持到抗战结束。参加第二战区抗战的国军也和八路军保持了友好的关系。尤其是中条山地区的国民政府中央军和太行山地区的八路军紧密团结,有力地打击了日军的入侵,黄河成为阻止日军南下中原的顽强屏障。这一局面一直持续到1941年中条山战役失败。

山西是敌后抗日根据地中心

山西地处黄土高原东部,境内山岳连绵,沟壑纵横,河流遍布,踞黄河天险,四周环山,西接陕甘,背倚蒙古大草原,俯视冀鲁豫大平原,有高屋建瓴、易守难攻之势,如清代顾祖禹所说"表里山河","最为顽固"。

八路军挺进山西

1937年七七事变后,日本开始了蓄谋已久的全面侵华战争。日军的战略进攻在华北和淞沪地区同时展开,企图速战速决,灭亡中国。日军在短短几周内运输将近30万大军,对华北展开大规模的战略进攻,并提出"欲占领中国,必先占领华北,欲占领华北,必先占领山西"的战略部署。

抗日战争爆发后,张闻天、毛泽东于1937年8月4日至5日提出并经中央政治局洛川会议讨论通过,决定我军全部部署于以恒山山脉为中心的冀、察、晋、绥四省边界地区。为了直接领导和部

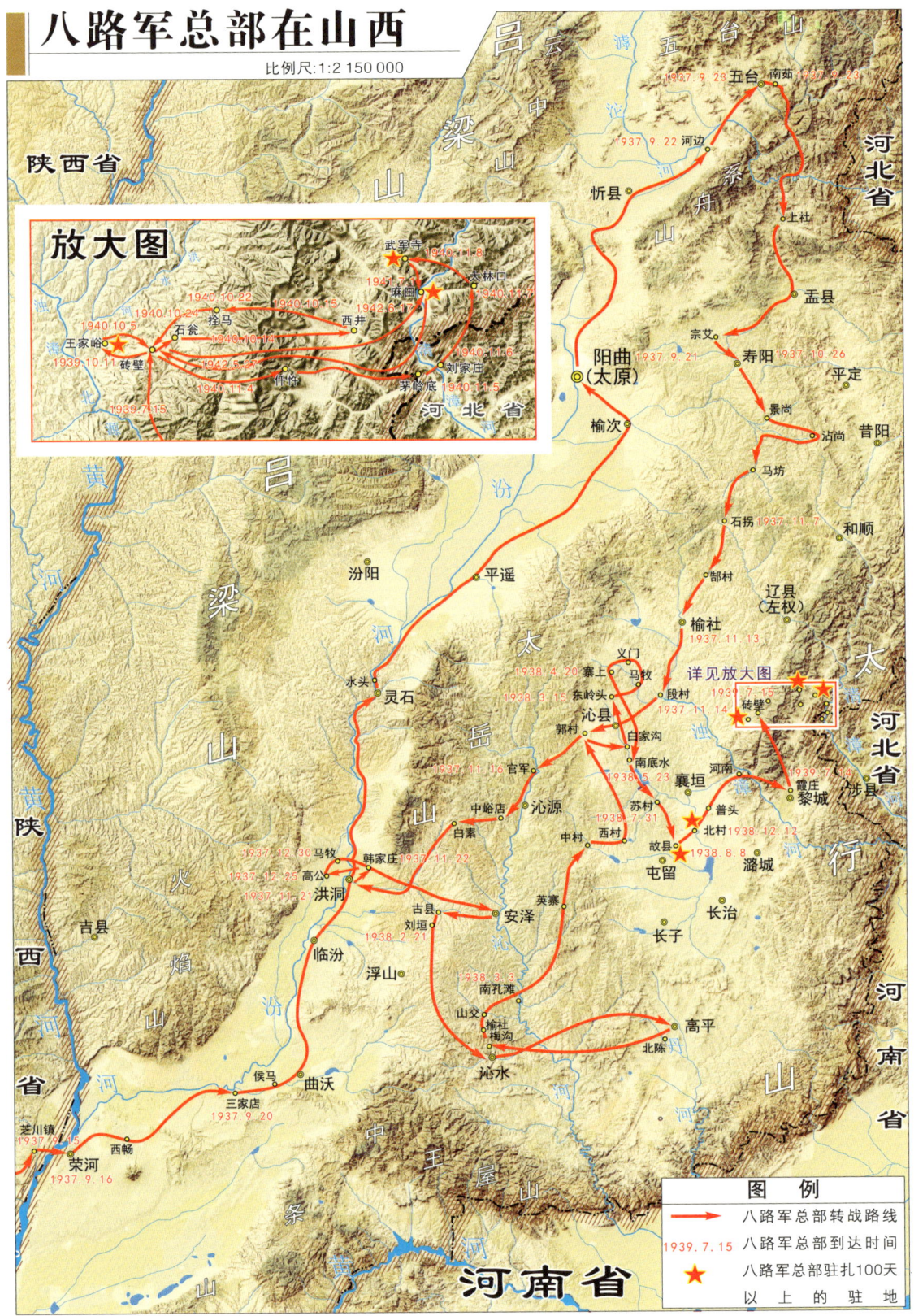

署山西抗战，1937年7月28日，刘少奇到达太原，8月初组成以刘少奇为书记、杨尚昆为副书记的中共中央北方局新的领导机关。为挽救中华危局，在中国共产党的积极努力下，8月22日，国共达成协议，红军改编为国民革命军第八路军（简称"八路军"，9月11日改称第18集团军），朱德、彭德怀为八路军正、副总指挥。9月5日，周恩来根据毛泽东的指示，以党中央代表的身份和八路军高级将领彭德怀、林彪、聂荣臻、徐向前、萧克、程子华等到达太原，与阎锡山商谈八路军入晋事宜（活动地区、作战原则、指挥关系、补充计划等）。八路军115师、120师、129师随即陆续完成改编开赴山西抗日前线，配合阎锡山为司令长官的第二战区正面战场，承担起抗日战争的历史使命。朱德、彭德怀率八路军总部同时向山西开进，刘少奇、杨尚昆、彭真等领导的中共中央北方局机关也到达山西，形成了山西抗日战争的坚强领导核心。

9月17日，毛泽东根据敌情变化，决定改变原定战略部署，八路军在山西分片占山据险，创造游击根据地，以支持华北战争。9月29日，毛泽东进一步指出："山西将成为华北的特殊局面，这根本的是因为有红军，其次则是阎锡山与我们结合起来。由于这两个力量的结合，将造成数百万人民的游击战争。我们应坚持这一方针，布置全省的游击战。"①

---

① 毛泽东：《在华北局势危急的情况下应坚持游击战争方针》，见《毛泽东军事文集》第二卷，65页，军事科学出版社、中央文献出版社，1993。

山西是模范的敌后抗日根据地

八路军 115 师在恒山、五台山一带进行战略展开，创建了晋察冀抗日根据地。120 师在管涔山地区实施战略展开，创建了晋西北抗日根据地；与晋察冀抗日根据地一起，形成对大同、太原及同蒲铁路北段之敌的夹击与包围态势，不仅在忻口会战时有力地配合了国民党军队，而且使晋察冀、晋西北两个重要战略地区紧密配合，构成陕甘宁边区和河防东部的坚固屏障。129 师展开于太行、太岳山地区，依托太行、太岳山脉，西起北同蒲铁路，北界正太铁路，东至平汉铁路，南临黄河北岸，创建了晋冀豫抗日根据地，占据了具有重要战略地位的国土。晋察冀、晋西北、晋冀豫抗日根据地相互呼应，对进占山西大同、太原、榆次、阳泉等城市及同蒲铁路、正太铁路线日军形成"品"字鼎力的战略包围态势，可以互相策应，进可攻，退可守；同时三大抗日根据地牢牢控制着管涔山、恒山、五台山、太行山、太岳山等山区战略枢纽，对晋中盆地、铁路干线及重要公路起着瞰制作用。115 师主力转战吕梁山，占据汾（阳）离（石）公路以南，同蒲铁路以西，乡宁、吉县以北，黄河以东的大面积地区，创建了晋西南抗日根据地，形成陕甘宁边区的东部屏障，构筑了联系晋冀豫边区抗日根据地的战略纽带。

创建敌后抗日根据地的基本问题是政权问题。日军的炮火吓坏了阎锡山旧政权的一些县太爷，全省 105 个县中，有 78 个县太爷"自行告退"，而一批不怕死的牺盟特派员和进步青年却挺身而出，主持

| 抗战文化 |

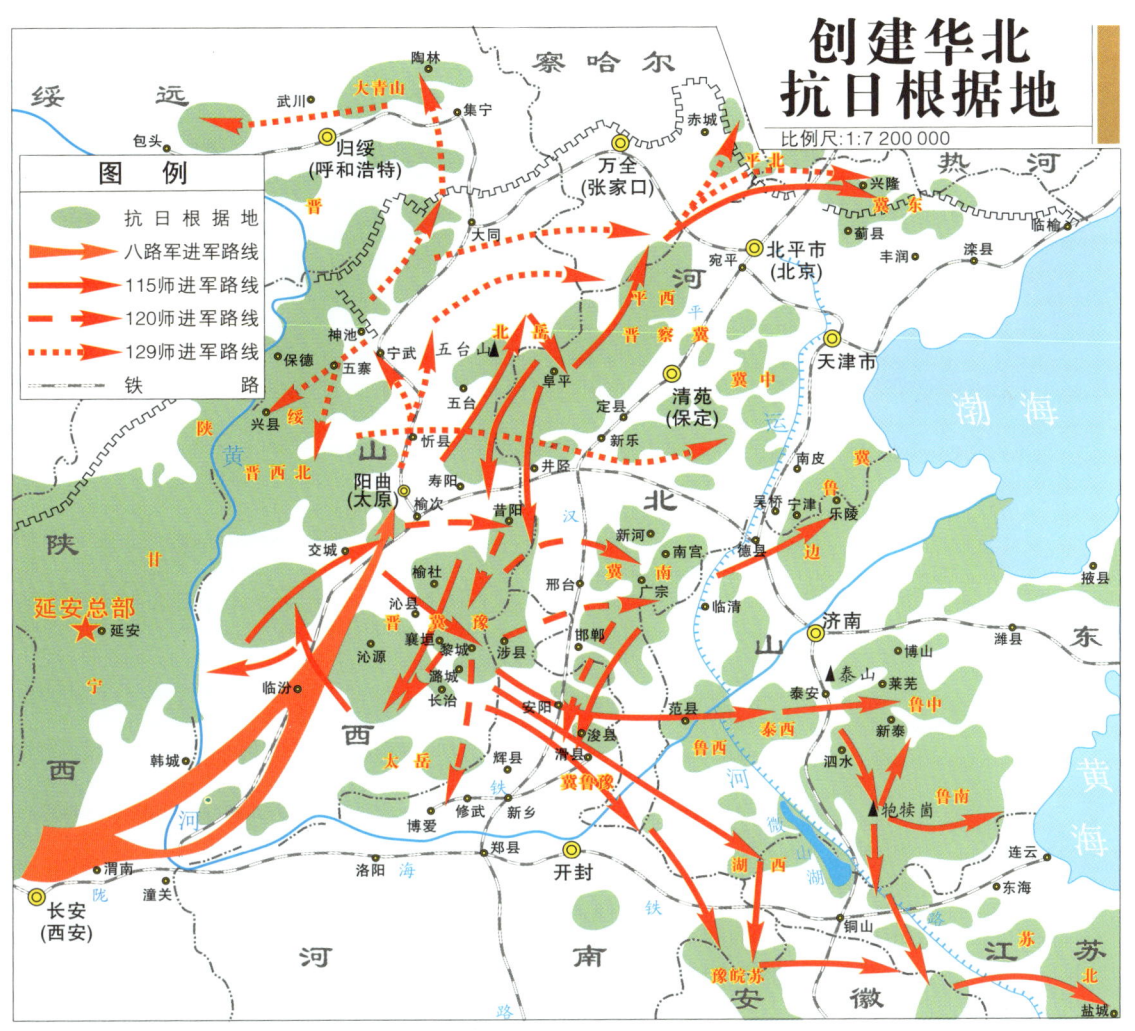

创建华北抗日根据地

比例尺 1:7 200 000

县政。借助牺盟会的推荐，共产党员宋劭文、薄一波、张文昂、戎伍胜，分别出任了全省7个行政区中的第一、第三、第五、第六行政区政治主任（后改称督察专员）。他们运用合法权利，改造旧政权，罢免那些不事抗日的旧县长，委派坚决抗日的新县长。全省105个县中，70%的县长为共产党员和进步分子所担任，抗日的法令畅通无阻，奠定了抗日民主政权建立与完善的基础。1938年1月，晋察冀边区经过军政民各界代表大会民主选举，成立了中国共产党领导的华北敌后第一个省级抗日民主政府——晋察冀边区行政委员会。党中央电誉晋察冀边区为"敌后模范的抗日根据地及统一战线的模范区"。晋察冀分局书记彭真曾在延安向中央政治局汇报晋察冀边区党的工作和各项政策，毛泽东称赞这个报告是"马克思主义的"，指示整理成《关于晋察冀边区党的工作和具体政策》的小册子，印发中央各部门和全国各抗日民主根据地，号召大家向晋察冀边区学习。

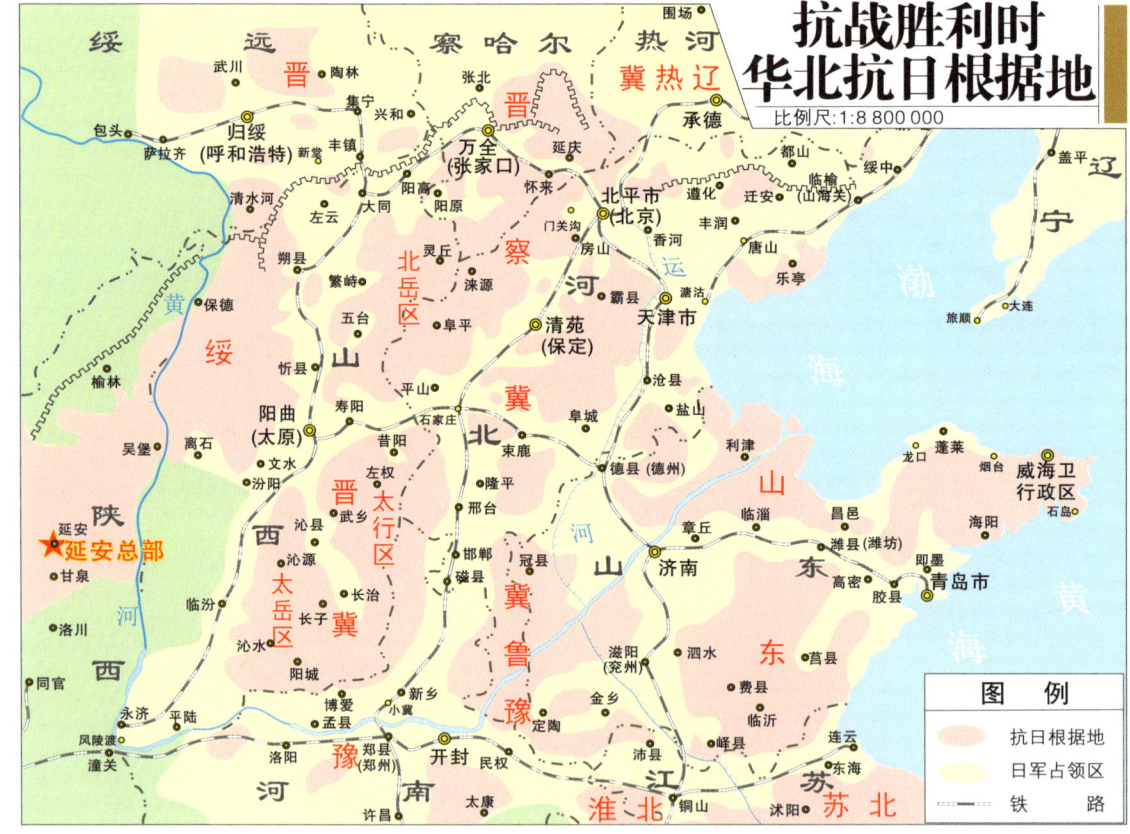

中国共产党是创建敌后抗日根据地的领导核心。为适应战争环境，各方面力量在工作能够达到的地方，分头开展建党工作。各地区党组织召开会议，确定新形势下党的工作方针和任务。山西各地的党组织与八路军密切配合，广泛发动和武装群众，使群众性抗日游击战争的烽火燃遍山西。129师主力连续取得神头岭、响堂铺伏击战的重大胜利，115师、120师对西进、南下日军的沉重打击，迟滞了日军急欲抢渡黄河的图谋，显示了敌后游击战争的巨大威力。因此，当日军占领太原、临汾之后，便不得不停住脚步，调集兵力，向山西各抗日根据地发动大规模的多路围攻，以解除后方的严重威胁。党领导抗日军民针锋相对地进行了一次次的反围攻作战，根据地在反围攻斗争获得胜利的局面中站稳了脚跟。晋察冀抗日根据地连续粉碎了日军8路围攻和25路围攻。晋西北抗日根据地粉碎日军6路围攻，收复7座县城。晋西南抗日根据地取得午城大捷等一连串的胜利。晋东南抗日根据地连续粉碎日军6路围攻和9路围攻，收复18座县城，其中著名的长乐之战，歼敌2200余人。毛泽东在《论持久战》中指出："在山西，我已三面包围了同蒲路（路之东西两侧及南端），四面包围了太原城"，"我之包围好似如来佛的手掌，它将化成一座横亘宇宙的五行山"，"把法西斯侵略主义者，最后压倒在山底下，永世也不得翻身"。①

---

① 《毛泽东选集》第二卷，472页，人民出版社，1991。

山西是开拓华北、华东和华中根据地的出发地

1938年4月,遵照中央指示,八路军以山西各抗日根据地为支点,向周边地区实施大规模战略展开。129师主力一部和115师主力一部挺进冀南、冀鲁豫边区,开辟冀南、冀鲁豫两个抗日根据地;120师分兵向冀热察、大青山挺进,开辟冀热察、大青山两个抗日根据地。敌后抗日游击战争以山西为中心推向广阔的平原,推向整个华北。

1938年底到1939年初,按照中央巩固华北的方针,八路军主力以山西各根据地为支点,进一步实施战略展开。120师主力一部从晋西北挺进冀中,129师主力一部从晋东南挺进冀南,115师主力从晋西挺进山东,开辟了冀中、山东湖西、鲁西、冀鲁边和鲁南等根据地,与山西各根据地联结成为晋察冀、晋绥、晋冀鲁豫和山东抗日根据地,几乎囊括了广大的华北地域,人口拥有8000余万,民兵发展到170余万,八路军扩大为100多万的强大人民军队。在解放区人民的大力配合与支援下,八路军对敌作战10万余次,歼灭日伪军125万余人,解放了大片国土,为抗日民族解放战争和世界反法西斯战争作出了巨大贡献。[①]这些根据地相互配合、彼此策应,对华北日军形成反包围的战略态势。与此相反,国民党的正面战场

---

① 张国祥:《论山西在全国抗战中的历史地位》,载《文史月刊》,2005(8)。

节节失利，1938年10月，广州、武汉相继失守，抗日战争进入战略相持阶段。同时，统一战线中国民党顽固势力逐渐抬头，反共妥协的逆流甚嚣尘上，中国共产党的各地党组织进入了抗击日军和反抗国民党顽固势力的残酷斗争中。

八路军总部和北方局转战晋东南，领导华北抗战和党的工作。在山西的八路军主力两次向外扩展，实现了八路军以山西为立脚点和出发地，开展华北敌后抗战的战略部署，显示出山西在抗战中的重要作用。从山西开往外区的八路军主力，多数是从山西入伍的青年，这是山西党组织和人民群众对华北抗战的一大贡献。

山西是捍卫陕甘宁边区大本营的战略屏障

军事上的铜墙铁壁

进入相持阶段后，日军停止了对正面战场国民党军队的战略进攻，集中主要兵力打击共产党领导的抗日武装，妄图摧毁山西抗日根据地和陕甘宁边区。1939年4月，华北日军总兵力占侵华日军总数一半以上。日军将山西作为所谓"治安肃正"作战的重点地区，对敌后抗日根据地进行大规模"扫荡"，实施疯狂的"烧光、杀光、抢光"政策。从1938年到1939年底，日军从府谷渡口到潼关渡口发动的大小20多次渡河战斗，均以失败告终。1939年后八路军在华北建立了根据地，深入敌后，不断向日军发起攻击，使得日军再无力西顾。党领导根据地抗日军民"空室清野"，以广泛的游击战争粉碎日军摧毁根据地的图谋。晋东南抗日根据地粉碎了日军的第二次 9 路围攻，晋察冀、晋西北、晋西南抗日军民沉重打击了"扫荡"日军，山西各抗日根据地巍然屹立，成为党中央所在地陕甘宁边区的战略屏障。八年抗战期间，日军主力西渡黄河、窜犯延安的图谋始终没有得逞。

经济上的强力保障

为保障各根据地与中共中央、中央军委等延安总部的物资供应、政治联系和交通运输的安全，晋西北抗日根据地成立了第一交通大队，负责对晋察冀方面的运输；第二交通大队，负责对晋东南方面的运输；晋东北根据地成立第三交通大队，负责对同蒲铁路西的运输；晋东南根据地成立第四交通大队，负责对同蒲铁路西的运输；晋南根据地组建了同蒲支队，沟通了延安与各根据地的联系和物资及人员的运输和交通。山西各敌后抗日根据地在财力、物力上的大力支持，极大地保证了延安总部在经济条件相对落后的陕北的正常运行。

山西是打退第一次反共高潮的中心

正当中国共产党领导山西抗日军民与日军浴血奋战之时，1939年1月的国民党五届五中全会出笼了一套"溶共"、"防共"、"限共"、"反共"策略，蒋介石筹划发动第一次反共高潮。

一直与日军秘密勾搭的阎锡山认为时机已到，叫喊："不能抬上棺材抗战"；"天要下雨，赶快准备雨伞"。在取得国民党军配合的基础上，11 月 1 日，阎锡山派代表到临汾与日酋清水师团长的代表谈判,以反共为条件,取得与日军的妥协。1939年12月,阎锡山指使晋西、晋东南的旧军进攻新军,捣毁牺盟会、抗日政府和抗日群众团体,屠杀共产党员和抗日干部,制造了骇人听闻的"十二月事变"(晋西事变),成为国民党第一次反共高潮中最核心、最严重的事件。在中共中央的直接领导下,山西各根据地党组织和抗日军民按照党中央"坚持抗战,反对投降;坚持团结,反对分裂;坚持进步,反对倒退"的正确方针,进行自卫反击,重创阎锡山第19军、第61军、第33军,以及骑1军,打退了旧军、国民党顽固派和日军的夹击;清除了决死纵队和牺盟会的顽固分子,壮大了共产党直接领导的武装力量。

本着有理、有利、有节的斗争策略,中共中央主动与国民党、阎锡山谈判。1940年4月,双方达成协议:在晋西北、晋西南地区,以汾离公路为界,路南为阎军驻防区,路北为八路军驻防区;在晋东南地区,以临屯公路及长治、平顺、磁县一线为界,以南为国民党驻防区,以北为八路军驻防区。在晋西南的八路军、新军撤往晋西北,给阎锡山留下一块地盘,在一定程度上恢复和维持了山西的抗日民族统一战线局面。至此,阎锡山发动的"十二月事变"消灭新军和牺盟会的罪恶阴谋彻底破产,搬起石头砸了自己的脚,落了个"丧师失地"的下场。

山西培育了大批高素质的党员干部

中国共产党在敌后抗战中的领导作用,要求根据地的全体党员提高马克思主义水平,实现党内思想上、政治上和行动上的高度一致。从1942年到1945年,山西各根据地党组织普遍开展了整风运动。这是一场反对主观主义以整顿学风、反对宗派主义以整顿党风、反对党八股以整顿文风的马克思主义教育运动。在整风中,晋绥、北岳、太行、太岳分别成立了以林枫、刘澜涛、李雪峰、薄一波为首的学习委员会,领导干部主要集中在党校学习,一般党员大都在各地办的整风学习班学习,并在群众中进行时事教育。整风最后阶段开展了审查干部工作。全党在马克思主义原则上的团结一致,奠定了夺取抗战胜利的思想基础。截至抗战胜利前夕,全省党员人数已发展到15万人。

山西各敌后抗日根据地广大党员积极响应毛泽东"组织起来"的号召,建立互助组、合作社。平顺县西沟村共产党员李顺达建立了太行区第一个互助组;兴县白家沟村党支部书记贾宝执办起晋绥边区第一个农业生产合作社。"一手拿锄,一手拿枪"。宁武县新屯堡民兵队长张初元成为根据地劳武结合的楷模。随着一批批生产和战斗英雄的涌现,山西各根据地召开了群英大会,极大地鼓舞了广大军民杀敌、生产的积极性。在艰苦的对敌斗争中,山西各根据地党组织十分重视文教卫生事业的发展。干部培训学校形式多样。由党员干部充当教师,以提高群众政治、文化水平为己任的冬学遍及根据地的山庄窝铺。随着抗战形势的好转,各根据地党组织加强了敌占城市和交通线的工作,通过各种渠道,向太原、大同等城市派遣秘密党员,随着城市的解放,这些秘密党员成为接管城市工作的骨干。

同时,在坚持艰苦卓绝的抗日战争过程中,山西培养和造就出数以万计的善于治党、治军、治国的领导骨干，解放后他们走向全国各地，出现了中国历史上的一个专有名词：南下干部。他们适应新形势，成为解放区接管工作的中坚力量，并参与和领导了新中国的建设和发展，做出了重要贡献。

山西是第二次世界大战东方战场的重要战略支点

山西是中国共产党抗日的战略支点

对控制山西在战略上的重要意义，中共中央有清醒的认识。太原失守后，张闻天发表《把山西成为北方游击战争的战略支点》一文，明确提出"共产党在山西的方针，是把山西成为整个北方游击战争的战略支点，用以抵御日寇对西北和中原的前进"。毛泽东在很多场合论述了山西对中国抗战的重要战略意义，特别是占领五台山地区的重要意义。在会见美军上尉卡尔逊时，毛泽东作了精辟比喻：正像山西是华北的战略钥匙一样，五台山地区也是山西的钥匙。我们占领五台，敌人就不能控制山西。[1]因此，能否坚持山西抗战，是关系到能否坚持华北乃至中国抗战的关键，具有极其重要的战略

---

[1] 张树德：《毛泽东军事思想研究》，32页，军事科学出版社，1998。

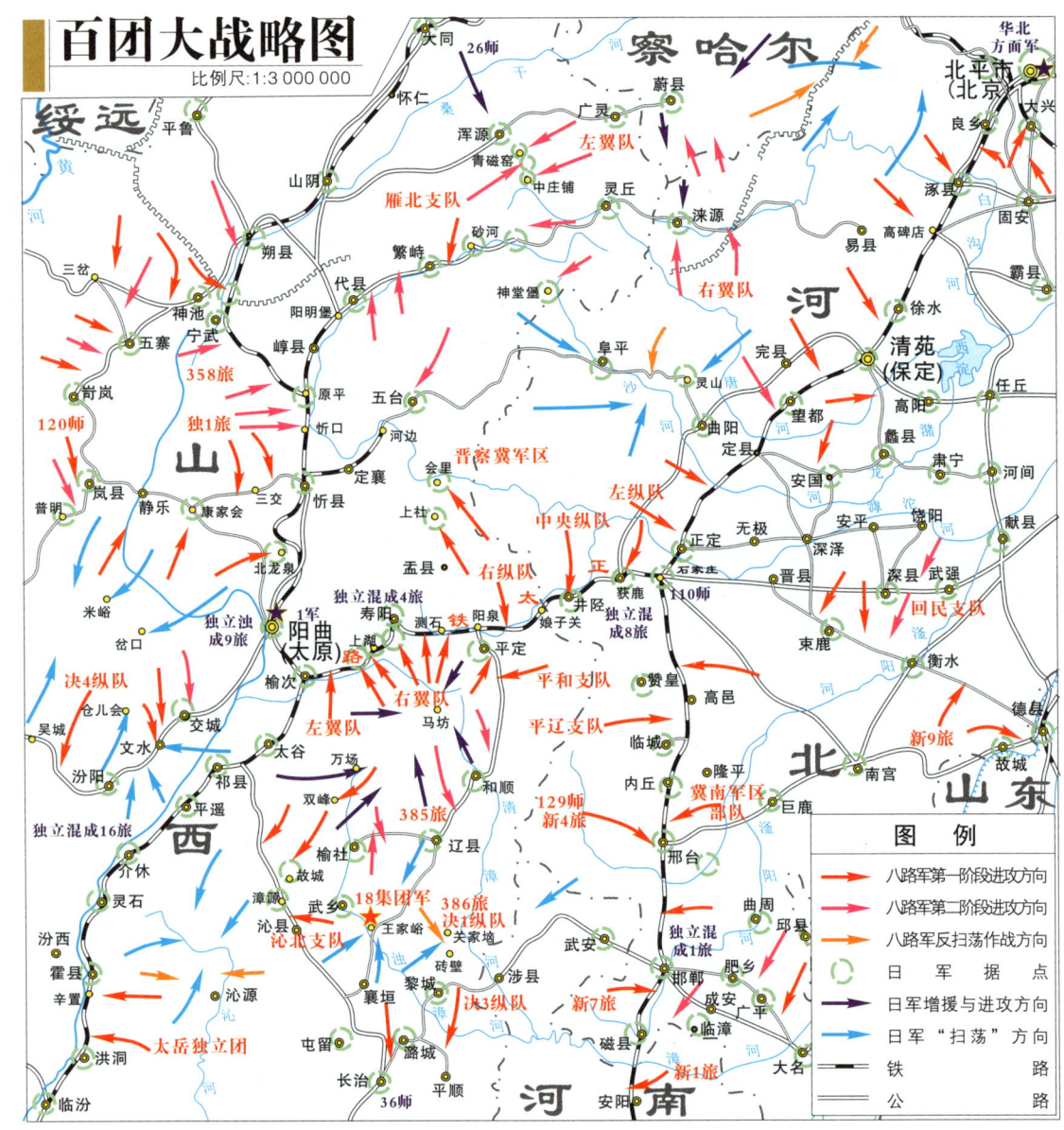

意义。实践证明,张闻天和毛泽东的决策是英明的。由于战略思想正确,中国共产党在抗日战争中创造了奇迹,山西抗战的坚持和发

展就是这个奇迹的重要战略支点。

山西敌后抗战逐步成为全国抗战的战略支点

山西敌后抗日根据地逐步成为全国抗战的坚强阵地

自七七事变日本帝国主义全面侵华以来，日军猖狂进攻的结果是：一方面，上海、南京、太原、武汉相继失陷，国民政府不得不迁都重庆；另一方面，中国军民的浴血奋战，使日军消耗越来越大，战线越拉越长，日军陷入中国战场无法自拔。国民政府正面战场和中国共产党敌后战场，遥相呼应，在战略上互相依赖，互相支持，形成中国反抗日军入侵的良好局面。1938年10月，武汉陷落，中日战争进入拉锯式的战略相持阶段，日军速战速决战略彻底失败。由于敌后抗日根据地的迅猛发展，为巩固占领区，日本被迫改变了侵华的战略方针，对敌后抗日根据地实施"治安肃正"计划，以实现"以战养战"、"以华制华"的目的。因此，日军暂缓大规模的正面进攻，大批日军回师华北。1938年11月起，日军华北方面军首先对平原敌后抗日根据地大举围攻和"扫荡"。日军一度占领了除阜平以外的晋察冀的所有县城，但很快被根据地军民击退。这些战役行动，有力地配合了国民政府正面战场的徐州会战和武汉会战。但是随着形势的发展，战争发展的态势出现国民党的正面战场逐渐让位给共产党领导的敌后战场的情况。具体表现就是国民党政府消极抗战，正面战场屡屡失利；而中国共产党领导的敌后抗日则如火如荼，不断积小胜为大胜。其转变的标志就是八路军发动的著名的"百团大战"。

1940年8月至12月，八路军总部针对日军加紧实施的"囚笼政策"，在华北地区发动了一次大规模的交通破袭战，前后出动115个团的兵力，对日军占领的正太、同蒲、平汉三条铁路及各地的主要公路进行了大破袭，这就是著名的百团大战。

这一战役经历了两个主动进攻阶段和一个反"扫荡"阶段，共进行大小战斗1824次，取得巨大胜利，共毙伤日军20645人、伪军5155人，俘虏日军281人、伪军18407人；日军投降47人，伪军反正1845人；破坏铁路474公里、公路1500余公里、桥梁313座、火车站37个；缴获步马枪5437支、手枪281支、轻重机枪224挺、各种火炮53门、汽车98辆、大车1148辆及大批军用物资。百团大战是抗日战争相持阶段八路军在华北地区发动的一次规模最大、持续时间最长的战役。这一战役的胜利，打出了共产党领导的敌后抗日军民的声威，不仅沉重打击了日本侵略者，有力地保卫了抗日根据地，而且打击了国内妥协投降的逆流，坚定了全国军民争取抗战胜利的决心。日本防卫厅战史室编写的《华北治安战》称："共军乘其势力的显著增强，突然发动'百团大战'，给了华北方面军以极大打击……特别是在山西，其势更猛，在袭击石太路（即正太路——引者）及同蒲路北段警备队的同时，并炸毁和破坏铁路、桥梁及通讯设施，使井陉煤矿等的设备，遭到彻底破坏。此次袭击，完全出乎我军意料之外，损失甚大，需要长时期和巨款才能恢复。"[①]

[①]《华北治安战》上，295～296页，天津人民出版社，1984。

| 抗战文化 |

百团大战纪念碑

日军在遭受打击后惊呼"对华北应有再认识",并由华中抽调兵力对华北抗日根据地实施"更大规模的报复作战"。

抗战以来八路军开辟的以山西为中心的敌后抗日根据地,对铁路、公路沿线占据大中城市的日军形成战略包围态势。1943年,国统区的通货膨胀和政治危机同时到来。1944年,国民党豫湘桂战役一败涂地。但中国共产党领导的以山西为中心的敌后抗日根据地,经过精兵简政等一系列措施而愈益强大。1943年,中国共产党八路军以山西为中心的敌后抗日根据地在斗争中不断巩固和扩大,成为坚持抗战的中流砥柱,已取代国民党军队成为华北抗战的主力。山西抗日根据地因之被侵华日军视为建立华北"东亚战争兵站基地"

的最大障碍，日本华北方面军长期将山西各抗日根据地作为主要作战地区和"扫荡"区域，但最终未能从根本上取得实质性进展。

可以说，在整个抗日战争中，以山西为中心的敌后抗日根据地在坚持抗战的艰苦岁月里，承载了凤凰涅槃式的转变，起到了战略支点的作用，为全国人民抗日斗争带来了胜利的希望。

山西是中国抗战反攻的战略支点

根据形势的发展，中国共产党敏锐地抓住有利时机，从1943年开始率先发起局部反攻。1944年初，渡过了严重困难时期的山西各抗日根据地军民，开始了对敌攻势作战。经过1944年的春季攻势、夏季攻势、秋季攻势和1945年的春季攻势、夏季攻势，解放区迅猛扩大，沦陷区日益缩小。山西战场上的日伪军龟缩于大中城市和交通线，处于被动挨打的境地。同时，太岳根据地军民粉碎了日阎勾结从八路军手中"收复失地"的挑衅。遵照中共中央指示，晋绥和太行、太岳根据地抽调精干部队挺进河南，开辟新区。1944年夏季开始，中国政治军事形势的发展更加迅速。一方面是国民党军队在日军的进攻下节节失利，在国内外引起强烈震动；另一方面是八路军以山西为中心的抗日根据地的地位和作用越来越引起美国方面的重视，美国方面开始向延安派驻军事观察团，答应向中国共产党军队提供军事援助。从1944年开始，晋察冀军区首先发出"集中适当主力，配合各种方法，广泛攻袭伪点，迫其撤退，并求得消灭其一部"的指示。1944年底，中共中央制定了从防御转向进攻、从游击战转入正规战的战略。仅晋绥、太行两区不完全统计，即收复国土 6.7 万平方公里，解放 96 万余人。从 1945 年夏开始的全面大反攻中，山西抗日根据地随军出征的民兵、自卫队达百万之众，大批支前物资源源不断送上前线，山西抗日根据地军民的大反攻成为中国抗战最精彩、最壮丽的部分。[①]

1944 年 9 月，中外记者西北参观团的记者目睹了八路军攻击汾阳和娄烦等地日军据点的战斗。他们感慨地说："我们看到了你们的英勇作战，看到了你们的胜利和牺牲，看到了人民是怎样地拥戴你们，看到了解放区军民是怎样地同仇敌忾！"遵照中共中央指示，山西各根据地军民发起猛烈的全面反攻，前锋直逼太原、大同，解放了一批批城镇据点。仅 1945 年的反攻作战，就收复县城 31 座，解放区的面积已占全省总面积的 60%。在党的号召下，各地掀起了支前参战热潮，大批青壮年积极报名参加八路军，广大民兵以县为单位组成反攻营，开赴前线。8 月 15 日，日本宣布无条件投降；9 月 2 日，日本政府代表在投降书上签字。山西各解放区军民用自己的流血牺牲，迎来了抗日战争的伟大胜利。

山西是世界反法西斯战争的重要战略支点

国际反法西斯战线的形成

中国抗日战争演化成世界反法西斯战争的组成部分，有一个历

---

① 罗焕章：《山西抗日根据地与中国抗日战争》，载《前进》，2005（7）。

史的发展过程。早在中国抗日战争爆发之前的1936年11月，日本就与德国结成法西斯同盟。中国抗战爆发后的1937年11月，意大利加入这个同盟。这说明日本发动的全面侵华战争，本质上是法西斯国家瓜分世界的侵略战争。但是当中国抗日战争开始的时候，世界反法西斯国家之间并没有成立同盟。当时世界两大阵营中，社会主义的苏联和资本主义的英、美等国，对中日之战没有采取共同一致的立场，它们的态度主要取决于本国利益的得失。苏联对于中国抗战明确采取支持态度，主要基于两大原因：一是德、意、日法西斯同盟成立最早是以签署反共产国际协定的形式达成的，日本以苏联为敌的立场十分明显，不能不引起苏联的高度警惕；二是作为社会主义国家，苏联有支持被压迫民族解放的道义责任。英、美两国在中国抗战开始采取的是消极旁观态度。英国不愿意直接对抗日本，主要是担心日本在东南亚英国利益比较集中的地区实行报复。美国不愿意支持中国，同样是担心引起日本的报复，因为当时日本是美国重要的贸易伙伴，在1937年美国对亚洲的输出贸易中，日本占了49.82%的份额；另外，当时美日军事力量对比中，美国并不占优势。

随着战争的不断扩大，英、美等国的自身利益受到进一步损害，特别是1938年11月日本近卫内阁第二次声明中明确提出"建立东亚新秩序"的口号，使英美受到严重威胁，转变了态度。同年12月，美国宣布与中国签订2500万美元信用贷款，英国也宣布向中国提供50万英镑的信用贷款，开始援助中国抗战。但是直到太平洋战争爆发之前，英、美两国在对日、对华政策上多次出现摇摆。

1939年9月1日，德国进攻波兰，英、法对德宣战。1940年9月27日，德、意、日缔结军事同盟。1941年6月22日，苏德战争爆发。8月，美国总统罗斯福和英国首相丘吉尔发表《大西洋宪章》，宣布不承认法西斯国家通过侵略造成的领土变更和解除侵略国家武装等项原则。10月，苏联声明原则同意《大西洋宪章》。12月7日，日军偷袭珍珠港，太平洋战争爆发。1942年1月1日，美、苏、英、中4国领衔，26国代表在华盛顿签署了以反对法西斯国家侵略为内容的《联合国家宣言》，国际反法西斯统一战线正式形成。随后，包括印度和泰国在内的"中国战区"成立。中国与盟国合作正式开始。

在此之前，中国广袤国土上的抗日军民和山西敌后抗日根据地，已经独自苦苦支撑了抗击日本侵略者四年多的血与火的拼搏。

山西承载了世界反法西斯战争的战略支点

中国作为第二次世界大战的四大战场之一，在世界反法西斯战争中占据着重要地位。山西抗战是中国抗日战场中特殊的、用游击攻势战略而开辟的敌后战场，也是在第二次世界大战中独具特色的、有重大支撑作用的东方战场，是世界反法西斯战争的重要阵地，事实上承担起第二次世界大战东方战场的重要战略支点的功能。

1939年，欧战爆发，但日军不得不继续"肃正"作战计划。八路军和各敌后抗日根据地从1939年5月到1940年4月，按照中共中央制定的游击战略攻势小试锋芒，在华北进行了运动战方式的反"扫荡"作战。其中，晋察冀边区1939年冬季的反"扫荡"，五六个团协同作战,使日军付出很大代价;黄土岭伏击战中,日本"名将之花"阿部规秀在太行山被歼。① 1939 年冬,国民党军在华北、华中、华南对日军发动冬季攻势,山西的八路军配合作战,打乱了日军华北方面军 1939 年的年度计划。

此时希特勒横扫西欧,兵锋正劲。英法联军约 40 万,差点被德军围歼。欧洲大陆强国法国,一周内即被德军兵不血刃地占领。美英的"先欧后亚"战略以及太平洋战争初期盟国军队的狼狈败退,使整个世界反法西斯战线陷于非常低迷的状态。第三次长沙会战,中国军队重创日军,成为国际反法西斯盟军惨淡的亚太战局中出现的一个亮点。第二次世界大战对中国战区的战略地位更加倚重。一向轻视中国抗战的丘吉尔,在 1942 年 4 月 18 日写道:"我必须指出,中国一旦崩溃,至少会使日军 15 个师团,也许 20 个师团腾出手来。其后,大举进犯印度,就确实可能了。"② 以山西为中心的敌后战场与国民党的正面战场所支撑的中国战场成为阻止日军"北上"进攻苏联、"南下"进攻东南亚以及进行太平洋战争的坚强堡垒。斯大林正是因为确信日军无力进攻苏联,才得以放心从远东抽调 50 余万兵力抵抗德军,最终赢得了苏德战

---

① 李继峰:《从沉沦到荣光(1931-1945)——抗日战争全记录》,312 页,远方出版社,2008。

② 温斯顿·丘吉尔:《第二次世界大战回忆录》(中译本)第 4 卷上部第 1 分册,266 页,商务印书馆,1975。

场上的胜利。

世界反法西斯战线的不景气，使日本侵略者的野心更加膨胀起来，他们制订了包括东亚、东南亚、南太平洋各岛国的"大东亚共荣圈"计划，与德、意结成三国同盟，积极准备南进。1940年5月，日本陆军省制定了《以1940、1941年为目标的处理中国问题策略》，全面加强对中国经济封锁、军事进攻和政治诱降。一时间，国民党内妥协投降危机空前严重。但是以山西为中心坚持坚决抗战的中国共产党人，挺起了中华民族的脊梁，八路军的英勇作战和山西人民的顽强抗日，使日军陷入山西抗战的泥沼。其中，晋察冀边区地处平绥、平汉、同蒲、正太铁路之间，对日军形成严重的威胁，成为日军的心腹之患。1940年8月为粉碎日本分裂灭亡中国的阴谋，八路军以破袭正太铁路为重点，发动了著名的"百团大战"，取得了巨大的成功。捷报传出，举国欢腾，世界为之振奋，客观上打消了国民党蒋介石政府妥协投降的念头。日本防卫厅研究所战史室编写的日本战史说，在1940年"6月中旬以后约一个月时间内，的确出现了事变行将解决，日中两国最接近的一刹那。所以如此，应该说在八年的日中战争中，蒋介石感到危机最严重的，实际上是宜昌失守的时候。中共察觉到日中进行和平谈判的危机"，"突然发动了"百团大战。①

---

① 《中国事变陆军作战史》第3卷第2分册，55页，中华书局，1983。

1941年，是备受内外煎熬的一年。敌后抗日根据地和国民党大后方的社会困境几乎到了令人窒息的境地。中国抗战也并未因与世界反法西斯战争融为一体而减弱战争的烈度。因中缅交通被日军彻底截断，在中印公路未开通之前，中国所期待的美援杯水车薪。这对中国人民坚持抗战蒙上了精神和物质、国际和国内的双重阴影。谁能坚持到最后，不仅考验着中日两国，也考验着国共两党。此时，苏联为全力抵抗德军，与日本签订《苏日中立条约》，抗战以来中国共产党唯一的外援中断。除中日之间的相持外，又加上了国民党制造的国共摩擦，消耗了本来就不足的抗日力量。相反，日军则无所不用其极。在中条山打败国民党军队后，国民党军队在华北战场已经没有什么力量对付日军。日军开始把主要精力用于"清剿"共产党八路军建立的敌后抗日根据地，实行"铁壁合围"、"辗转清剿"的"扫荡"、"蚕食"、封锁、分割、包围，对根据地实行惨绝人寰的"杀光"、"烧光"、"抢光"的"三光"政策。在这种灭绝人性的"三光"政策摧残之下，1941年到1943年敌后抗日根据地土地和人口严重萎缩，财政极端拮据。山西人民承受了巨大的战争灾难。以沁源县为例，有80%的村庄被烧光，粮食等均被洗劫一空。但英雄的共产党人和山西人民没有被日军的气势汹汹所吓倒，擦干了血迹，清理了战场，又投入更加猛烈的抗日战争中。

1941年6月22日德国进攻苏联，1941年12月8日珍珠港事件后太平洋战争爆发。此时，日本陆军总兵力的七成依然深陷于中国战场，其中，只有二成投入东南亚和太平洋战场。[①]1941年5月27日，美国总统罗斯福称赞"中国的壮丽的防御战"是阻止希特勒征服世界计划接近完成的重要因素之一。[②]山西抗战是这个壮丽防御战的重要战略支点。

1944年，苏联红军开始战略大反攻，越过国境向德国挺进；英美联军在法国诺曼底登陆，开辟第二战场；在太平洋战场上，美军实施战略反攻，日军败局已定。正是由于中国共产党领导下的山西人民为反抗日军入侵中国付出的巨大牺牲、承受的巨大战争灾难、做出的巨大贡献，才使得世界反法西斯战争最终大获全胜。可以说，在第二次世界大战中，山西抗战谱写了一曲悲壮深沉而又振奋人心的不朽的史诗。

---

① 井上清：《日本军国主义》第3册，306页，东京，1975。
② *The Department of State ed.,Peace and War*,Washington,1934,P.666.

PINPAINEIHAN 品牌内涵

抗战文化的品牌内涵,主要包括指导抗战的先进理念、光耀千秋的太行精神、永垂不朽的国际主义情怀等。

指导抗战的先进理念

古语说,"天时、地利、人和,三者不得,虽胜有殃"。山西抗战之所以具有中国抗战史上最具创造性、开放性和坚韧性的独特而又丰富的个性,除了山西客观的地理位置、独特的地形和良好的经济、民众等客观条件外,更重要的是由于中国共产党在长期的革命斗争中创造性地发展了马克思主义,形成了指导抗战走向胜利的先进理念。正是这一整套先进理念的提出,唤起了国人反抗日本侵略者的积极性、主动性,增强了中国抗日战争的科学性,成为打败日本侵略者的强大精神武器。

中国共产党把抗日民族统一战线的理论、路线、策略创造性地与山西的实际结合起来,形成具有山西特色的特殊形式的统一战线,为山西抗战的特殊局面奠定了坚实的基础。

反对内战,坚持抗日,建立抗日民族统一战线,是中国共产党自1931年"九一八事变"日本开始大规模侵略中国以来的一贯主张。山西是这一主张变为现实的第一实践地,并取得了全面成功。

1935年8月"华北事变"后,还在长征途中的中华苏维埃中央政府、中国共产党中央委员会发表《为抗日救国告全体同胞书》(即"八一宣言"),号召实行全国总动员进行抗日救国。这是"九一八事变"以来中国共产党提出的最具体的纲领性意见。10月,中共中央经过两万五千里长征到达陕北。12月中央政治局瓦窑堡会议将"红军行动与苏区发展的主攻方面放在东面的山西和北边的绥远等省",确定在山西建立抗日民族统一战线。

在中国共产党的努力和客观形势的逼迫下,1936年奉行"惟中"哲学的阎锡山到了在"三颗鸡蛋"①中作出抉择的最后关头。阎锡山一怕亡于共,二怕亡于蒋,更怕亡于日。中国共产党用科学的统一战线理论,灵活、有效地团结阎锡山抗日,一步步把阎锡山推向"联共抗日",在一省范围内率先突破蒋介石国民政府"攘外必先安内"的内战政策,提出了"守土抗战"、"牺牲救国"的口号,接受中共中央的抗日民族统一战线政策。1936年9月18日,阎锡山成立了山西牺牲救国同盟会(简称"牺盟会")。全国抗战爆发后,通过共产党的感化,1937年8月16日,阎锡山提出了"民族革命战争"的口号。他说:"此次对日作战,不是国与国的战争,也不是民族与民族的战争,而是民族革命战争……是为求我们民族的解放与国家的存在。"②阎锡山的这一口号后来发展为"民族革命战争"理论,成为他同中共合作抗日的理论依据。1937年9月20日,"第二战区民族革命战争战地总动员委员会"(简称"动委会")成立。动委会是中国共产党与国民党地方实力派阎锡山建立的全国唯一的公开合作的统一战线组织,是抗战初期共产党在一个战略地区范围内同地方当局一致对敌的战争动员机关,是晋、

---

① 阎锡山自称在日军、蒋介石和中国共产党"三颗鸡蛋"上跳舞,哪颗都不能踩破。
②《阎伯川先生救国言论选辑》(第1辑),1页。

察、绥敌后组织和指挥抗日游击战争的指挥机关。动委会是共产党以公开身份参加领导的一种比较完全的抗日民族统一战线的组织形式，也是山西特殊抗日统一战线形成的标志，被毛泽东称为"最好的合作形式"。

山西如火如荼的抗日救亡运动理念，打破了抗战以来举国沉闷的局面。全国20多个省市的爱国热血青年受这种理念的鼓舞，纷纷涌入太原，投身于抗日运动的洪流。积极抗日的文化人士涌向山西，李公朴、杜心源、杨献珍等著名人士参与民族革命大学（简称"民大"）的建设。剧宣二队（北京人民艺术剧院的前身）创作了《黄河大合唱》。山西的抗战文化空前繁荣起来，山西抗日团体、抗日期刊、文艺团体的抗日创作和宣传，给抗日战争带来巨大的激励和鼓舞，产生了很多在当时以及直到现在都影响巨大的文艺作品。"晋西事变"后，根据地的抗战文化成为主流，激励和宣扬着山西人民的抗战斗志。

薄一波主持牺盟会工作后，阎锡山接受薄一波的建议，组建新军，成为山西抗日特殊统一战线的一支重要军事力量。薄一波和杨献珍等人根据党中央的指示，[1]结合山西的实际情况，制定了著名的《山

---

[1] 中共中央洛川会议通过《抗日救国十大纲领》，向国民党、全国人民、全国各党派各界各军提出了彻底战胜日本侵略军的救国纲领。毛泽东在《国共合作成立后的迫切任务》一文中指出："今天的抗日统一战线，还没有一个为两党所共同承认和正式公布的政治纲领，去代替国民党的统制政策。""抗日需要一个坚固的统一战线，这就需要一个共同纲领。共同纲领是这个统一战线的行动方针，同时也就是这个统一战线的一种约束，它像一条绳索，把各党各派各军各界一切加入统一战线的团体和个人都紧紧地约束起来。……必须如此，才能适应抗日战争。"

西民族革命十大纲领》，主要纲目为：一、贯彻全民抗战，组织自卫队、游击队，开展游击战争；二、创造政治化、民主化的抗日革命军，在军队中执行民主集中制；三、确实执行优待抗战军人家属条例，改善士兵生活；四、扩大民众救亡运动，建立广大的民众组织；五、创造民族革命运动的干部；六、健全总动员实施委员会，加速动员，改善生活；七、铲除汉奸卖国贼及坏官坏绅坏人，扶植民主监政；八、切实执行合理负担，逐渐减租减息，改善人民生活；九、加大工业生产，扶植手工业，改善工人生活；十、实施抗战的农村建设。阎锡山于11月6日以第二战区司令长官的名义公布执行。《山西民族革命十大纲领》的颁布，进一步推进了山西抗日特殊统一战线的发展。

中国共产党抗日民族统一战线政策率先在山西省一省范围内取得的胜利，成为毛泽东关于建立上层统一战线思想的光辉典范。中国共产党关于山西建立统一战线的理论，为迅猛地动员和组织山西抗战，为八路军挺进山西展开独立自主的山地游击战争、立足华北敌后奠定了基础，为山西形成人民战争的"汪洋大海"、抗击日军的坚强堡垒做出了巨大的贡献。

以毛泽东为代表的中共中央选择山西作为华北乃至全国抗战的战略支点的构想和实行独立自主的山地游击战争的思想，经过在以山西为中心的华北抗战中的充分实践和完善，与持久战战略互为表里，与根据地建设休戚相关，使山西抗战实现了真正的全面的全民族的人民战争，成为指导山西抗战乃至中国抗战走向伟大胜利的指路明灯。

古语说，"不谋万世者，不足谋一时；不谋全局者，不足谋一域"。在中国伟大的抗日战争中，以毛泽东为代表的中国共产党首先选择山西作为陕北苏区发展的方向。美国合众社、伦敦泰晤士报的记者哈里森·福尔曼根据自己的观察认为：毛泽东是一个善于集中大家智慧的人，他的思想是大家意见的综合，是集体智慧的结晶。

1935年12月中央政治局瓦窑堡会议上，毛泽东作了《关于军事战略问题的报告》，提出了把国内战争与民族战争结合起来的战略思想，将"红军行动与苏区发展的主攻方面放在东面的山西和北边的绥远等省"，作出了红军东征的重大战略决策，为红军北上抗日和苏区的发展找到了战略支点。

毛泽东认为山西的战略必要性在于：一是山西处于西北和华北的中枢地带，乃战略要地。一旦有失，日军将长驱直入，"攫秦搏齐，当者失据"；反之，若红军进据山西，"东出太行，势如建瓴，燕冀之寇，顿失其势"。二是山西地形复杂，沟壑纵横，便于开展机动灵活的游击战。三是山西较西北各省经济条件优裕，资源雄厚，人稠物丰，利于红军给养物资和兵源的补充。四是红军东征会迫使以4旅之众陈兵陕北的阎军返晋，减轻国民党对陕北的压力。五是在山西建立根据地，可以使陕北根据地得到发展，扩大红军对日作战的后方。①

同时，毛泽东在《论反对日本帝国主义的策略》中明确指出了抗日战争是持久的，必须有长期作战的思想准备。而中国战胜日本帝国主义要有三个条件：中国抗日统一战线的完成，国际抗日统一

---

① 孟红：《红军东征》，见《山西历史文化丛书》第10辑，3页，山西人民出版社，2003。

战线的完成，日本国内人民和殖民地人民革命运动的兴起，其中中国人民的大联合是主要的。全面抗战开始后，在中国共产党的努力下，以国共合作为基础的抗日统一战线最后形成。1937年8月中共中央洛川会议，深入分析了中日战争敌强我弱的形势，明确指出抗日战争的艰苦性和持久性，正式确立了全面全民族的抗战路线和持久战的战略总方针。基于华北战局的发展趋势和山西政治形势及其特殊的战略地位，中共中央根据全国抗日战争的形势和我军的实际情况，把军事斗争的战略方向选择在了敌后的山西。

洛川会议规定八路军的基本战略任务是：创建敌后抗日根据地，钳制与消耗敌人，配合友军作战，保存与扩大自己。八路军当前的战略方针是：独立自主的山地游击战，包括在新条件下消灭敌人兵团与在平原发展游击战争，但着重于山地。中国共产党未雨绸缪，山西的形势早已为独立自主的山地游击战争的开展作了充分的准备。平型关大捷是八路军最早最成功的一次游击战战例。国民政府称此为"华军在平绥线之空前胜利"。

"来而不中失者时也，蹈而不可失者机也"。毛泽东指示八路军总部"在山西应分为晋东北、晋西北、晋东南、晋西南四区，向着进入中心城市及要道之敌，取四面包围袭击之姿势，不宜集中于五台山脉一区，集中一区是难以立足的"[1]。在日军的疯狂进攻下，毛泽东和党中央统筹全局，周恩来、朱德、刘少奇等党和军队的高

---

[1]《毛泽东军事文集》第2卷，21页。

级领导人云集山西，指挥华北抗战。八路军抓住瞬息即逝的宝贵时机，顺利实现了预定的战略目标，完成了在山西的战略部署，并因时因地地把山地游击战争推向平原，在时机成熟时，对敌实施攻势作战。

随着战争形势的发展，尤其是以山西为中心的敌后抗日根据地的巩固和发展，1938年，毛泽东《论持久战》将我军的战略方针概括为：基本的是游击战，但不放松有利条件下的运动战。同时，毛泽东在《抗日游击战争的战略问题》中指出：大规模的抗日游击战争，主要地不是在内线配合正规军的战役作战，而是在外线单独作战。把游击战争提到战略的高度。1938年4月，中共中央向华北中国共产党八路军发布了《对平原游击战的指示》，提出"在河北、山东平原地区扩大的发展抗日游击战争是可能的，而且坚持平原地区的游击战，也是可能的"。在此指引下，中国共产党八路军成功地把抗日游击战争从山区推向平原，从山西推向河北、察哈尔、河南、绥远、山东等省，开辟了冀中、冀南、冀鲁豫、山东等广大的敌后抗日根据地。

兵民是胜利之本。毛泽东根据以山西为中心的敌后山区抗日游击战争的实践经验写成的《论抗日游击战争的基本战术——袭击》指出：游击战争不能一刻离开民众，这是最基本的原则。中国共产党八路军把以山西为中心的广大敌后抗日根据地建设成了崭新的抗日民主政权，是抗日战争成为最广泛的最全面的人民的战争的最重要的政治保障，是八路军能够成功挫败日军的进攻和"扫荡"的基本条件。

1938年初，晋察冀边区成为中国共产党建立的第一个统一战线性质的抗日民主政权。1938年10月，边区行政委员会基本实现了政权在系统上和地域上的统一，形成了集中统一的政权领导和抗日民主的新秩序。边区村政权彻底废除了封建专制残余，实现了立法与行政的统一，人民群众直接行使选举、罢免、创制、复议四权。这些不但在抗日根据地，而且在全国也是一个创举。1938年10月，彭真发表了《论晋察冀边区抗日根据地的政权》，对边区创建初期政权建设的成就和经验作了总结，赞扬边区政权"自身有着相当高度的行政效率和广大群众自动积极的热烈的支持和爱护"。1940年，抗日战争最为艰难的时期，边区实行"三三制"政权原则，体现了中国共产党在政治上的高度成熟和高度智慧。"三三制"主要内容为：在抗日民主政权的人员构成上，共产党员、非党的左派分子和中间派各占三分之一名额；在"三三制"中，必须保证共产党的领导地位，实行民主集中制；要让党和非党人员"在政府工作都有同等的权利和义务"，要"风雨同舟，和衷共济"。1943年，抗日根据地开始把"拥军优属"、"拥政爱民"活动制度化，每年春节为"双拥活动月"。根据地建设有力地维护巩固了抗日民主政府，使之成为敌后抗日游击战略的重要基础。

阎锡山和蒋介石也受中国共产党军队的游击战争战略战术影响，在1939年广泛地开展游击战争。但由于国民党坚持独裁专制，害怕发动人民群众，最终国民党军队的敌后游击战争都以失败告终。

光耀千秋的太行精神

中国人民的艰苦抗战孕育了伟大的太行精神。山西抗战蕴涵了中华文明浓厚的文化积淀和中国共产党救国救民的崇高理念。近代以来的中华民族饱受屈辱，但历史事实证明，中华民族是自强不息、愈挫愈勇、坚忍不拔的伟大民族。日军侵华铁蹄的践踏和蹂躏没有使中华民族屈服，相反却唤醒了中华民族的民族意识和家国观念。太行精神就是中华民族在抗日战争中创造的文化精髓，它与井冈山精神、长征精神、延安精神和西柏坡精神等一样，必将光耀千秋。

太行精神的性质

太行精神是中国共产党革命精神的一座历史丰碑。中国共产党领导的八路军，以马克思主义为指导，以实现共产主义为最高理想，铁肩担道义，在拯救国家、拯救民族的危难关头，出征山西，领导和推动山西人民进行了艰苦卓绝的抗日战争。在空前惨烈的抗日战争中，众多抗战英烈、100余万无名抗日烈士、千百万苦苦支撑着抗战的朴实的老百姓，铸就了不朽于青史的"太行精神"。因此，太行精神凝聚着共产党人的优秀品质，是马克思主义中国化的崇高追求，是中国共产党领导全国人民寻求民族解放的革命精神。

太行精神是中国近代以来民族魂的一面光辉旗帜。近代以来的

| 抗战文化 |

中国政府积贫积弱、四分五裂、"一盘散沙",骄横的日军认为"中国人是没有民族精神的"。英雄的太行山抗日军民铸就的太行精神,撑起了中国抗战的脊梁,唤醒了中华民族的不屈之魂,打破了日军吞灭整个中国的梦想。抗战中创造的太行精神,是中华民族面临生死存亡之际展示的舍生忘死、坚韧不屈、爱好和平、坚持正义的民族英雄气概,是以八路军为代表的中国军民密切配合,顽强抗战,在山西这块沃土上血洒疆场,创造的华北抗战以来抵抗最坚决、最持久辉煌战绩的精神支柱。那种"一寸山河一寸血"的无畏胆识,那种"十万青年十万兵"的豪迈情怀,奠定了中国抗战能够取得胜利的精神基础。1938年11月武汉沦陷后,《黄河大合唱》"保卫黄河!保卫华北!保卫全中国!"的怒吼,喊出了当时太行山的时代最强音;《牺盟大合唱》"雁门关前长城怒号,风陵渡边黄河呐喊……保卫牺盟,保卫中国,战到最后胜利的明天,战到民族解放

八路军太行纪念馆

的明天"的雄心壮志，发出了太行山军民的战斗动员令。

综上所述，从性质上看，太行精神是中国共产党人把马克思主义普遍真理与中国革命具体实践相结合的理性升华，是革命性和民族性的有机统一。太行精神鼓舞当时的中华儿女共同谱写了一曲荡气回肠、气壮山河的抗战史诗。以太行精神为代表的民族魂，在不同的历史时期都展现出巨大的感召力，永远是炎黄子孙的宝贵精神财富。太行精神的传承和发扬光大，必将激励着我们为实现美好幸福的新生活、实现国家腾飞和民族振兴而艰苦拼搏、不懈努力。

太行精神的精髓

太行精神凝聚着中国共产党领导敌后抗日军民在极其艰苦的条

件下展现的百折不挠、艰苦奋斗的伟大民族精神。中国最终取得抗战的胜利，民族觉醒和团结是关键；从一盘散沙到万众一心，中国共产党是这个凝聚力的核心。《我们在太行山上》唱出了"红日照遍了东方，自由之神在纵情歌唱。看吧！千山万壑，铁壁铜墙。抗日的烽火，燃烧在太行山上"的革命英雄主义豪情。这个"红日"，就是中国共产党。当日军战略重点转向敌后根据地和八路军游击队之后，活跃在敌后的以共产党人为中流砥柱的成千上万的八路军、新军、游击队指战员和抗日民众，先后粉碎了日军的"三路围攻"、"八路围攻"、"九路围攻"，以及"囚笼政策"、"蚕食政策"、"三光政策"、"铁壁合围"等。八路军副参谋长左权，以及张友清、何云、李林等共产党人血洒疆场，践行了共产党员庄严而又神圣的

八路军太行纪念馆全景

使命。百团大战等战役，鼓舞了中国人民和世界人民反法西斯的斗志。中国共产党领导的八路军和广大的游击队民兵对日军的有力打击和英雄事迹，极大地感染和增强了山西人民乃至全国人民抗战胜利的决心和信心。八年抗战彻底打败了日本帝国主义，改变了中国内部政治力量的对比，为人民解放战争奠定了基础，成为中华民族走向复兴的枢纽。

太行精神凝聚着中华儿女在国家和民族处于危亡的关键时刻，为民族解放展现的不怕牺牲、不畏艰险的革命英雄主义精神。抗日战争爆发后，面对日本侵略者，八路军不畏强暴，毅然开赴山西抗日前线，发动群众、组织群众、武装群众，迅速开创了抗日游击战争的新局面。太行游击队在各地如雨后春笋般活跃起来，太行山800万工人、农民、知识分子和广大青年学生争先恐后地参加抗日武装，每个城镇和乡村都出现了"母亲叫儿打东洋，妻子送郎上战场"的动人事迹，"村村像军营，人人都是兵，抗日根据地，一片练武声"。他们在封闭、落后、山高崖险的山区坚持抗战八年；他们在没有任何物资接济和给养的环境中发展、成长、壮大；他们敢于斗争，敢于胜利，以中华民族神圣不可侵犯的英雄气概，用"小米加步枪"打败日军飞机加大炮，最后取得了抗日战争的全面胜利，展示出一种保家卫国的英勇不屈。1939年6月国民革命军第四集团军面对3万余众日军的九路围攻，在中条山展开殊死搏斗。这次战役虽然由于卫立煌不搞反共摩擦被蒋介石软禁峨眉山未归，何应钦指挥不力、准备不足惨遭失败，但被围困的117师800壮士，拼到弹尽粮绝，高呼"宁跳黄河死，不做亡国奴"，纵身跃入黄河殉国，喋血悲壮，令中条山垂首,黄河呜咽!"八百壮士跳黄河"的壮举,也是中华民族惊天地泣鬼神的精神丰碑!

太行精神凝聚着中国共产党在任何情况下都为人民利益英勇奋斗、无私奉献的崇高精神。抗日战争是一场中华民族抗击日本侵略者的全民战争,为了全中国人民的利益,中国共产党人顾全大局、团结民众、英勇斗争、无私奉献,从1937年10月到1944年10月,根据地主力部队对日伪军作战共19777次,毙伤日伪军120241人;太行区的民兵自卫队在抗战期间共作战33716次,毙伤俘伪军11409人。八路军和地方武装在抗战中献出了无数宝贵的生命。进入解放战争时期,太行区人民在"解放全中国"的号召下,积极动员起来,踊跃参战,又有144267人加入人民子弟兵的行列。山西近8000名干部陆续调往全国各地,为全中国的解放做出了太行根据地特有的贡献。

太行精神的理论特质

超越历史的先进性。先进性就是时代性,时代性是对先进性的本质规定。一种精神是否先进,关键要看它是否符合时代的需要,是否具有与时俱进的品格。太行精神产生发展于血与火的年代,在社会主义建设时期得到新的升华,在改革开放年代得到新的发扬,是中国共产党先进性的生动写照。太行精神伴随着时代的进步而升华,伴随着社会的发展而完善,始终代表了社会历史前进的本质要求。长期以来,太行人民继承和发扬太行精神,创造了太行精神新

"太行精神颂"

的组成部分，李顺达精神、大寨精神、红旗渠精神、申纪兰精神、李双良精神、右玉精神等，都给予太行精神以新的内涵，使太行精神不断得到丰富发展，确保了太行精神的长盛不衰。应当说，太行精神之所以代代相传、生生不息，始终保持了强大的生命力，关键就在于它所具有的与时俱进的先进性品格。

超越地域的民族性。首先,太行精神鲜明地体现出民族精神的核心品质。太行精神产生发展于太行山区,无疑具有一定的地域特色。但从实质上看,太行精神绝不是一种区域性的精神文化形态。这一精神,实质是由中国共产党倡导的、在太行军民身上体现出来的大无畏的革命精神和救民族于危难之中的爱国主义精神。爱国主义,是贯穿太行精神的一条主线。其次,太行精神在内涵上实现了与民族精神的完美统一。太行精神有着丰富深邃的内涵,长乐战役、百团大战等所体现出的不畏强暴、敢于同敌人血战到底的民族英雄气概;沁源围困战所体现出的民族利益至上、誓死不当亡国奴的民族自尊品格;大生产运动的开展、"三三制"政权的建立所体现出的开拓创新、善于在危难中开辟发展新路的民族创造精神;聂荣臻同志抚养日本遗孤所体现出的坚持正义、爱好和平的国际情怀等,都全面完整地体现了民族精神"团结统一、爱好和平、勤劳勇敢、自强不息"的内在要求,在内涵上实现了与民族精神的高度统一。第三,太行精神的创造主体体现了广泛的人民性,已经远远超越了太行山这个特定的区域。在抗战时期,太行地区是八路军三大主力师所在地。八路军总部和中共中央北方局长期驻扎太行山区,朱德、彭德怀、刘伯承、邓小平等老一辈无产阶级革命家转战太行,是来自五湖四海的中华民族的优秀儿女。他们与太行人民一道,共同弘扬培育了太行精神。因此,充分认识太行精神的民族性,是理解太行精神的一个重要切入点。

本质规定的实践性。形式上,太行精神属于抽象意义上的意识形态范畴,是特定历史时期太行军民精神信念的总体概括,具有较为抽象的文化品格;但实质上,太行精神又具备高度的实践性特征。

应当说，一种精神文化具有实践性，必须是对实践规律的科学总结，而不是脱离实际的主观臆断；必须是对实践经验的提高和升华，而不是跟随在实践身后亦步亦趋、进行机械片面的诠释注解；必须是在实践中得到检验发展，验证了其科学性和先进性。太行精神无疑具备了这样的标准。早在抗日战争时期，邓小平同志就对八路军和太行军民的革命精神进行了科学总结，将这种精神概括为"有觉悟、有创新意识、有本领、有群众观念和有民族精神"等五个特征的革命精神；2004年8月，中共政治局常委李长春来山西考察，根据新的实践、新的发展，再次对太行精神作了科学概括和高度评价。因此，太行精神包含着党领导下太行军民长期积累的革命实践经验，包含着中国共产党崇高的理想、信念和远大目标，包含着中国共产党在长期的革命实践中形成的优良作风。因而，太行精神是历史的，又是现实的；是抽象的，又是具体的；是理论的，又是实践的。它源于实践，在实践中不断得到提炼和升华；又指导实践，转化为一种强大的精神力量。太行精神不是历史背影里一尊沉默的塑像，而是时代沃野中一条奔腾不息的长河。

"太行山高，可以呼远"。1939年，薄一波同志登临太行，感慨于太行军民浴血奋战的动人实践，写下如此豪迈的诗句。太行精神的本质属性，决定了这一精神不是一个僵化的概念，不是一个空洞的口号，而是随着时代与社会不断发展、不断丰富、不断更新的经典文化。距离源头愈远，愈能够显示其宽广和激越。如今，当我们在一个新的历史发展时期回眸历史，我们仍然可以感受到太行精神超越时空的强大力量和永恒价值。

永垂不朽的国际主义情怀

在山西抗战文化中闪烁着国际主义光芒：那些为中国抗战胜利献出宝贵生命的国际主义战士身上，体现出"得道多助，失道寡助"的人类价值取向；那些在山西抗战硝烟烽火中活跃着的来自世界各地的新闻工作者身上，展示出世界对正义的同情和对邪恶的憎恶；那些在山西战场上活跃着的反战日本人士身上，放射出人类对不义之战的理性光辉。人们在从山西抗战文化内涵的体悟中，铭刻着对国际反侵略勇士的记忆。

国际援华医生的高尚情操

抗战期间，国际援华医生白求恩和柯棣华，转战在以山西为中心的敌后抗日根据地，用他们高超的医疗技术和坚韧的革命意志，诊治着人类的善良，消除着野蛮的无耻。

中国抗战爆发后，加拿大著名医生白求恩受加拿大共产党和美国共产党的委托，放弃安逸舒适的生活，组织医疗队支援中国抗日战争。1938年，白求恩怀着国际主义的高尚情怀，来到了中国抗战圣地延安，很快即率医疗队开赴山西抗战前线。从晋绥边区第120师重伤员收治所所在地贺家川，到晋察冀边区的北岳区，八路军的战斗前线，就是白求恩作为国际白衣天使的作战平台。

白求恩纪念馆

白求恩在出发前曾向毛泽东提出,只要作战时把手术室设在靠近前线的地方,就能使75%的伤员恢复健康。白求恩用自己高超的医术和无私忘我的工作践行了自己的诺言。1939年11月12日凌晨,白求恩因抢救伤员手术时左手中指被碎骨刺破受到致命的感染,终因伤势恶化,医治无效,牺牲于河北省唐县黄石口村。他在生命的最后时刻依然对中国抗战胜利充满信心。毛泽东撰写的《纪念白求恩》,高度赞扬了白求恩"毫无利己的动机,把中国人民的解放事业当作他自己的事业"的国际主义精神,号召每一个共产党员向他学习。

日本侵华战争把中国人民和印度人民、中国共产党和印度国大党联系起来。印度国大党领袖尼赫鲁应红军朱德总司令的请求,选派小型医疗队援华。柯棣华（1910—1942）是印度著名医生，国际主义战士。1935年夏天从印度医科大学毕业后，即自愿参加印度援华医疗队来到中国。在延安八路军医院工作不足半年，就提出要到敌后抗日根据地的前线去。经毛泽东慎重考虑后批准，先到太行区八路军总部工作了一段时间，随后来到晋察冀边区的北岳区。

在晋察冀两年多时间里，他始终以白求恩为榜样，工作上极端负责，对同志对人民极端热忱。他不仅从事医疗工作，还从事教学训练，编写讲义，担负着行政和政治工作。在敌人向根据地残酷"扫荡"的情况下，他和同志们经常沿着山谷峻岭，一边作战，一边转移，一边护理伤病员。他以惊人的毅力和革命乐观主义精神，克服了一切艰险。他同群众血肉相连，把为群众服务看做自己的幸福。1940年初，柯棣华经八路军总部批准，和他的战友们随第129师某部参加了屯留县张店战斗。他不顾密集的炮火，不停地为伤员做手术。战斗进行了两天多，他连续工作了40多个小时，救护伤员。在武乡县洪水战斗中，柯大夫不仅在战火中抢救了上百个伤员，还给参战的民兵和群众医治创伤，治疗疾病。正因为这样，伤病员和群众都敬爱他，亲热地称他为"老柯"、"贴心大夫"和"黑妈妈"。

1940年6月，柯棣华由太行转道冀南、冀中抵达北岳区后，仍然以高度的热情忘我地工作着。在百团大战的火线上，他一连工作13天，接收800多名伤员，为585名伤员做了手术。在最紧张的时刻，他甚至3天3夜不休息，坚持工作在救治伤员的岗位上。他是白求恩国际和平医院第一任院长，提出过许多切实可行的好主张、好建议，曾被聂荣臻誉为"能解决实际问题的科学家"。1942年7月，他光荣地加入了中国共产党。

1942年12月9日,柯棣华大夫由于劳累过度,癫痫病频繁发作,经全力抢救无效,在唐县葛公村逝世,年仅32岁。柯棣华也是毛泽东盛赞的国际主义精神的代表,白求恩式的国际主义战士。他是印度人,却是中国共产党党员,把壮丽年华乃至生命都献给了中华民族的解放事业。

反法西斯日本战士的正义精神

山西抗日战场上活跃着一支特殊的国际主义队伍,被中国老百姓称为"日本八路",被称为"世界战争史上的奇迹", 为中国人民的抗战胜利、为山西抗战做出了不可磨灭的贡献。他们就是"在华日人反战同盟"。

抗日战争初期,深受军国主义思想毒害的日军, "与其当俘虏受侮辱,毋宁自杀殉国"。中国共产党制定了一系列的俘虏政策和统战政策,以丰富的国际无产阶级革命理论和丰富的国际反法西斯统一战线理论,教育和解放了受蒙蔽的日本士兵。抗日战争进入相持阶段后,惨烈胶着的战争局面和惨无人道的战争罪恶使日本士兵内部充满了各种各样的厌战和反战情绪。随着被八路军俘虏的日兵日渐增多,在中国共产党和日本共产党的积极帮助下,他们中一些觉悟了的日本士兵建立了华北日本士兵觉醒联盟、在华日人反战同盟、日本人民解放联盟等组织,到1945年8月,共发展建立了2个地方协议会、4个地区协议会、20个支部,盟员达1000余人(1945

年9月至1946年上半年，随着抗战胜利，日本人民解放联盟成员大部分陆续回国，联盟自行解散）。在国统区，也建立了日人反战组织。1939年12月，在桂林成立了在华日本人民反战同盟西南支部。1940年7月，在重庆成立了在华日本人民反战同盟总部。由于国民党政府的阻挠，重庆总部与华北敌后战场上建立的反战组织联系很少，互不隶属，但他们都毅然加入了中国人民反抗日本侵略战争的行列。这些反战日本士兵活跃在山西战场上，为山西抗战做出了积极的贡献。

1939年1月2日，在山西省东南地区武乡县王家裕村，三名日本士兵杉本一夫、小林武夫、冈田义雄宣誓加入八路军。1939年11月7日，在山西省辽县(今左权县)麻田镇八路军前方指挥部，杉本一夫、小林武夫、冈田义雄、高木敏雄、吉田太郎、石冢修、松井英男等7名日本士兵成立了日本士兵醒悟联盟。不久，该组织改称为日本士兵觉醒联盟，成为华北敌后抗日根据地成立的第一个日本反战组织。他们致力于"促使日本士兵和人民从日本法西斯的军阀的欺骗压迫中觉醒"，"与中国军队协力，尽全力打倒日本帝国主义"。1940年6月23日，在山西省东南部建立了觉醒联盟第一支部，后改名为太行支部。1941年5月4日，在八路军晋察冀军区驻地河北平山县小北头村举行了反战同盟晋察冀支部成立大会。此后，他们经常出入于山西境内，为山西抗日战场的胜利进行努力奋斗。1942年9月，在晋西北的八路军120师正式成立反战同盟晋西北支部，进行反战宣传斗争。太平洋战争爆发后，日军厌战情绪日益增长。随着被俘和投诚的日本士兵日益增多，1943年7

月7日，在山西西北部设立了日本工农学校晋西北分校，毕业的日本反战士兵奔赴抗日战场，为抗战胜利做出了积极的贡献。其中，1940年夏来到山西省辽县羊角村的八路军模范医院的山田一郎是日人反战同盟成员中学历最高的知识分子。经过痛苦的思索，山田一郎从日本战俘转变为反战勇士。1943年6月，他正式加入了中国共产党，反战成为他不可动摇的信念。

这些反战组织的建立及其开展的各种活动，反映了在华日本反战运动的发展历程，也体现出中日两国人民在世界反法西斯战争中的人道主义和国际主义精神。这一段历史，也是值得我们铭记的一段历史。

国际新闻工作者的伟大情怀

七七事变后，山西很快成为日本侵华的重点。一些国际新闻工作者突破重重封锁，顶着弥漫的硝烟，冒着生命危险来到山西，用自己的文字和影像，把山西军民保家卫国、抗击侵略者的壮丽事迹发往世界，把中国共产党八路军的辉煌战果广为传播。他们是中华民族抗日战争和世界反法西斯战争不可忘却的新闻功臣，他们体现出的新闻媒体工作者的崇高品德，成为国际社会的行业典范。

英国记者贝特兰冒着炮火深入忻口战役等前线实地采访，发表了《华北前线》等报道。1937年10月23日背伤刚愈的史沫特莱来到当时设在山西的八路军总部，跟随八路军转战两个多月。她撰写的《中国的战歌》，向世界翔实地介绍了八路军。国际友人安特尔描述晋察冀抗日根据地军民粉碎日军"八路围攻":当日本军打下太原城以后,抽调了大量的兵力,分八路向他们举行大"围剿",竟然没有得到丝毫成绩,反而是他们把日本军的三条运输干路毁坏了两条半(有一条是时断时续,没有完全破坏),使日本军的进攻感受了极大困难……他们反而在山西、河北、察哈尔三省的边界上建立起了和日本军长期作战的根据地。美联社驻北平记者霍尔多·汉森在一名游击队员的陪伴下,从北平出发,穿过日军封锁线,从1938年夏天开始,他跟随八路军在河北、山西、陕西转战两个半月,并在延安见到了毛泽东。通过对敌后抗日根据地的采访,汉森撰写了《高尚的努力——中国战争的故事》一书。苏联《红星报》高度赞扬百团大战;美国合众社等驻北平记者不畏艰险,冲破日军新闻封锁,在百团大战期间,连续报道了交战消息。当时在华北敌后的不少外国记者、学者,用不同的鸿篇巨制充满赞扬地记载了百团大战的历史史实。

从1939年夏到1944年初,国民党对中国共产党敌后抗日根据地实行封锁。1944年初,经过外国记者的努力争取,蒋介石终于批准美、英等国记者赴延安采访。哈里森·福尔曼是美国合众社、伦敦《泰晤士报》的记者,是一位中国人民不能忘记的朋友。9月,福尔曼会同爱泼斯坦等目睹了八路军奇袭敌人营盘电灯公司、火烧汾阳火车站的3天激战的情景。福尔曼深有感触地说道:"过去有人告诉我们说,八路军不打仗,没有伤兵,没有俘虏,人民害怕八路军。今天这些谣言已被事实揭穿了,我们看到了八路军在英勇作战,人民热爱八路军。"他发誓要向全世界公开、毫无顾忌地说明真相,他告诉美国人民说:共产党人"在中国创造了奇迹——赢得了人民的尊敬与合作"。福尔曼把采访晋绥边区拍摄的照片编辑成书,出版了《西行漫影》画册。对中国共产党素有偏见的夏南汉神甫,后来被边区的真情实况和那种蓬勃向上的氛围所感动,在《益世报》上撰文批评了国民党御用记者的歪曲事实的报道。[1]他们的报道打破了国民政府和日本帝国主义的新闻封锁,架起沟通之桥,向世界展现了中国共产党八路军和广大山西人民奋勇抗战的真实面貌。中共中央晋绥分局机关报《抗战日报》发表社论《送别盟邦记者团诸先生》,向他们表示了崇高的敬意。

所有这些因世界法西斯邪恶战争而凸显的人性,彰显了国际主义的理性光辉。今天,我们应该站在新的历史征程上,肩负起时代的全球责任,把这些国际主义精神很好地传承下去。

鼓舞人心的抗战音乐

《我们在太行山上》

《我们在太行山上》由桂涛声作词、冼星海作曲,作于1938年7月,是为在山西境内浴血奋战、抗击日本侵略者的抗日军民而创作的一首合唱曲。在这首歌曲中,冼星海将充满朝气的抒情性旋

---

[1] 孟红:《抗战时期中外记者参观团访问西北纪实》,载《党史纵览》,2008(8)。

律同坚定有力的进行曲旋律有机地结合在一起，使歌曲既充满战斗性、现实性，又具有革命浪漫主义的瑰丽色彩，描绘了太行山里的游击健儿的战斗生活和勇敢顽强、乐观开朗的性格。该曲写成后，在汉口进行首演时，观众大声喝彩，掌声不断，随即传遍了全中国。太行山的游击队都以它为队歌。

《黄河大合唱》

《黄河大合唱》由冼星海作曲、诗人光未然作词，是冼星海最重要、影响最大的一部交响乐代表作。1938年11月武汉沦陷后，著名诗人光未然带领抗敌演剧三队，从陕西宜川县的壶口附近东渡黄河，转入吕梁山抗日根据地。途中他目睹了黄河船夫们与狂风恶浪搏斗的情景，聆听了高亢、悠扬的船工号子。1939年1月他抵达延安后，写出了《黄河》词作，并在这年的除夕联欢会上朗诵了这部诗篇。冼星海听后非常兴奋，表示要为演剧队创作《黄河大合唱》。在延安一座简陋的土窑里，冼星海抱病连续写作六天，完成了这部具有历史意义的大型声乐作品《黄河大合唱》。这部作品以黄河为背景，热情歌颂中华民族源远流长的光荣历史和中国人民坚强不屈的斗争精神，痛诉侵略者的残暴和人民遭受的深重灾难，广阔地展现了抗日战争的壮丽图景，并向全中国全世界发出了民族解放的战斗警号，从而塑造起中华民族巨人般的英雄形象。之后，在延安陕北公学大礼堂首演，引起巨大反响，很快传遍整个中国，成为中国现代大型声乐创作的光辉典范。在20世纪60年代后期，该作品还被改编为钢琴协奏曲。

除此之外，如火如荼的山西抗战文化，还催生出许多像《吕梁英雄传》等著名的文学艺术作品。这些抗战文化的经典代表，负载着抗战文化品牌的精神内涵，传颂着中华民族的不朽灵魂，抚育着一代又一代炎黄子孙的优秀儿女。

品牌亮点
PINPAILIANGDIAN

山西抗战文化品牌的物质载体,就是散落在三晋大地上抗战英烈们活动过的遗迹和遗址。它们像颗颗明珠,镶嵌在山西15.6万平方公里的土地上。

红军东征纪念馆及红军东征指挥部旧址

为纪念红军东征,新中国成立后在石楼县城东2.5公里处的东庄村建立了红军东征纪念馆,主要包括中国人民红军抗日先锋军纪念碑、纪念馆展厅、小号兵雕塑等建筑。馆内珍藏有毛泽东在东征时期写就的词作《沁园春·雪》,以及东征红军军旗。交口县城东35公里处的大麦郊镇,保存有山西完整的一处红军东征总指挥部旧址,旧址主要由上、下两层院落组成。当年,红军主力兵分两路突破山西中阳南和石楼黄河天险强渡,迅速进入晋西地区,横扫三交、石楼、中阳的敌军,随即在大麦郊镇设立东征军总指挥部,毛泽东、周恩来曾在此指挥作战。

1936年2月20日,毛泽东和彭德怀按照党中央的决定率领由红军组建的"中国人民红军抗日先锋军"东征,开辟吕梁山根据地,逐步向晋中、晋东南、晋西北发展。毛泽东任总政委,彭德怀任总指挥。2月20日晚,红一军团在绥德县沟口渡河,直捣黄河东岸的中阳县坪上村渡口(今属柳林县),红十军团在陕西清涧县河口渡过黄河占领石楼贺家洼。三天后,毛泽东一行在清涧县西辛关渡河,在石楼县东辛关上岸。2月24日,毛泽东经石楼县义牒到西卫,指挥红军作战,所向披靡,势如破竹,在中阳县关上和隰县蓬门连战连捷,阎军一触即溃。3月3日,毛泽东率总部人员挺进孝义大麦郊(今属交口县)。3月8日,毛泽东主持召开中央政治局扩大会议,调整战略部署,决定在吕梁山区集中优势兵力,开辟东进抗日道路。3月9日,毛泽东北上孝义郭家掌(今属交口县),亲自指挥了兑九峪大战,击溃阎锡山部的第2、第3纵队14个团。3月12日,作出具体部署,决定兵分三路,出击霍州,伺机进发上党;佯攻灵石,威逼太原,挺进晋西北;转战晋西,牵制阎军,巩固占领区,保护黄河渡口和后方联络。3月20日至27日,中共中央政治局会议先后在孝义大麦郊、隰县石口和石楼县罗村、四江村召开,

红军东征总指挥部旧址

红军东征总指挥部旧址北侧

张闻天、周恩来等参加了会议,史称晋西会议。这是中国共产党在山西召开的规格最高的会议。之后,毛泽东几次神机妙算,将游击战发挥得淋漓尽致,伏击战、突围战,个个打得都很漂亮。红军所到之处,发动群众,打倒土豪,开仓济贫,筹粮筹款,扩大红军,建立苏维埃政权。

根据华北形势的变化,4月下旬,毛泽东和彭德怀率总部机关到达永和县赵家沟村和桑壁镇一带红一军团团部所在地,连日召开军事会议,分析当时形势。为了避免内战,保存抗日力量,促进抗日民族统一战线工作的开展,党中央决定,把"渡河东征,抗日反蒋"的方针改变为"回师西渡,逼蒋抗日",并提出"停止内战,一致抗日"等6项共同行动纲领。于是,各路东征红军在绵绵春雨中陆续收缩西移。毛泽东领导的东征红军转战山西50余县,历时75天(2月20日—5月5日),击溃阎军的围追堵截,扩大红军队伍,发展壮大了红军和根据地的力量,在山西播下了抗日的革命火种,推动了山西和全国抗日民族统一战线的建立,为1937年八路军再度出师山西、创建敌后抗日根据地打下了坚实基础。①

山西国民师范旧址

山西国民师范旧址是山西牺盟会和青年抗敌决死队的诞生地,

山西国民师范旧址

---

① 参阅杨小池:《毛泽东在山西的93天实录》,载《文物世界》,2001(4)。

牺盟会在国民师范举办各种抗日训练班，并成立了山西新军的第一支部队——山西青年抗敌决死队，被誉为"大革命时期的黄埔军校"。始建于民国八年（1919），1991年修建了山西国民师范旧址革命活动纪念馆，为山西省重点文物保护单位。现在纪念馆展出"山西国民师范原址模型"、"牺牲救国同盟会展"、"山西抗敌决死队战斗历程展"等展览。

八路军总部纪念地

抗日战争爆发后，日军攻势凶猛，战争环境十分恶劣。八路军开展的是游击战，因此山西有多个八路军总部。目前山西在太行山区留存的抗日遗址最多，最为知名的有五台南茹八路军总部，盂县柏兰镇八路军总部，中共中央北方局、八路军总司令部曾长期驻扎过的武乡县城的八路军太行纪念馆，左权麻田镇因八路军总部、中共中央北方局等150多个军政机关在此长期驻扎而成为华北的政治、军事、经济、文化中心，长治武乡县砖壁村、王家峪村等八路军总部所在地。现将主要遗址介绍如下：

五台南茹八路军总部

五台县南茹村位于五台县城东北，是八路军总部进入山西后设立的第一个总部机关的驻地，是我党我军在山西抗日前线的第一个

| 抗战文化 |

五台南茹村八路军总部旧址

军事指挥中心。

  1937年8月洛川会议后,根据国共两党协议,中国工农红军主力改编为国民革命军第八路军,任命朱德、彭德怀为八路军正、副总指挥,叶剑英任参谋长,左权任副参谋长,任弼时任政治部主任,邓小平任政治部副主任;下辖115师、120师、129师,由林彪、贺龙、刘伯承分任3个师的师长。改编之后,中国工农红军前敌总指挥部改编为八路军总司令部,中国工农红军总政治部改编为八路军政治部,后勤系统由供给部、卫生部、兵站部组成,部长分别为赵尔陆、姜齐贤、叶季壮。由此构成国民革命军第八路军总部机构。与此同时,由原红一方面军为主编成的八路军第115师主力,作为抗日的先遣队,立即从陕西三原出发,开赴山西抗日前线。1937年9月23日,朱德总司令与周恩来副主席在五台县城召开了重要军事会议,周恩来在五台城内学校、商会等各界进步人士参加的会议上作了重要讲话,阐述了抗日救国十大纲领。下午,八路军总部入驻南茹村,周恩来返回太原。9月25日,在南茹村正式颁发了我党第一个比较系统而具体的《关于动员和组织群众发展游击战争的指示》,全面部署了我军发动群众,组织群众,广泛开展游击战争的工作。在这里,朱德和彭德怀帮助地方建党建政,创建了五台游击队。刘伯承、邓小平、徐向前率领129师,曾路居五台东冶镇,129师副师长徐向前回到久别的故乡,在东冶沱阳学堂作了抗日救国的演讲。在这里驻扎一个多月的时间里,朱德和彭德怀指挥了著名的平型关、夜袭阳明堡日军机场等战役,有效地配合了国民党军队的作战,钳制和消灭敌人,为中国共产党贯彻全面抗日路线、发展民族统一战线做出了重要贡献。

盂县柏兰镇八路军总部

由于华北形势的变化,八路军总部于1937年10月22日离开南茹村,到达盂县柏兰镇。在这里朱德向美国著名记者史沫特莱介绍了八路军对日作战的经验和日军作战的优点与弱点。此后,朱德在这里多次接见史沫特莱并向她介绍八路军在华北的抗战和创建根据地、开展游击战的情况。3个多月后,史沫特莱离开八路军总部,将一路所见所闻写成《中国在反击》一书,向全世界介绍八路军坚持华北抗战的真实情况。

武乡八路军总部

武乡地处太行腹地，是上党盆地的北大门，古称"冀南之门户，潞州之咽喉"，历来为兵家必争之地。抗日战争中，武乡被称为"华北抗日的指挥中心"、"支撑华北抗战的坚强基石"。1961年武乡砖壁八路军总部旧址，成为中国第一批重点文物保护单位。目前依托武乡八路军总部旧址建立起来的八路军太行纪念馆，是我国唯一一座全面反映八路军和华北各根据地八年抗战史实的大型军事专题纪念馆，是国家级AAAA级景区。

武乡八路军总司令部旧址

1937年11月太原失守后，随着阎锡山第二战区长官部撤退到临汾，八路军总部为便于与二战区的联络和协调指挥，也由晋北南下，经昔阳、和顺、榆社、沁县、沁源、安泽到达临汾附近的洪洞县驻扎过一段时间。1937年11月4日，总部驻武乡县驻东村。1938年4月，日军对我晋东南根据地发动大规模九路围攻，由于作战需要总部又先后移驻武乡义门、寨上村，沁县南底水，屯留故县镇，潞城北村等地。1938年12月，中共中央指示将一直战斗在山西前线的八路军总部改称八路军前方总部，由朱德总司令、彭德怀副总司令兼任前总总指挥和副指挥，副总参谋长左权兼前总参谋长。1939年7月，八路军总部为回避日军对晋东南第二次九路围攻的锋芒，再次选定武乡，定址东部山区的砖壁村，同年10月迁到王家峪村。同时将中共中央北方局、抗日军政大学等重要机关迁驻武乡，并创办了八路军自己的兵工厂、制药厂等一大批兵工后勤企业，创办了大批高等院校，粉碎了日军晋东南第二次九路围攻。之后，又颁布《七大纲领》，以改善民生、实行民主、发动群众、开展游击战争、坚持华北抗战、巩固敌后抗日根据地等举措，加速粉碎日军的军事"扫荡"与政治阴谋。为了加强统战工作，朱德总司令在武乡县土河村召开了由500余人参加的榆武绅士名流座谈会。通过这次会议，囤积公粮6.7万石。1940年秋，八路军为了粉碎日军妄图尽快灭亡中国的阴谋，激励国内军民的抗战信心与斗志，彭德怀副总司令、左权参谋长、罗瑞卿主任在武乡王家峪八路军总部制定出发动百团大战的作战方案，直接指挥百团大战，历时三个半月，取得了辉煌的战果，挫败了日军的"囚笼政策"，牵制了日伪大量兵力，进一步巩固了太行山抗日根据地。百团大战后，由于日军围攻武乡八路军总部，八路军总部几次辗转于辽县和武乡之间，直到抗日战争结束，一直驻扎在太行山区。

武乡八路军总部是山西省开发最好的红色旅游景区。这里有八路军总部砖壁旧址、八路军总部王家峪旧址，与黄崖洞兵工厂、麻田八路军前方总部旧址、长治太行太岳烈士陵园、八路军总部北村旧址、沁源太岳军区司令部阎寨旧址、壶关常行村窑洞保卫战旧址、屯留老爷山上党战役遗址、太岳支部旧址纪念馆等共同组成大型红色旅游景区。目前深圳锦绣中华发展有限公司和武乡县联手，依托八路军纪念馆，建成了全国最大的武乡八路军文化园和游击战纪念园。

麻田八路军前方总部

麻田八路军前方总部旧址位于左权县麻田镇上麻田村，从1940年11月至1945年8月近5年时间里，八路军前方总部和中共中央北方局驻扎在这里，成为抗日前线指挥部，华北地区政治、军事、经济、文化的中心，被誉为太行山的"小延安"。

1940年百团大战后，日军侦察出了八路军高级指挥机关的位置，集中大规模兵力围攻武乡，在这样的情况下，八路军总部不得不撤离武乡到达辽县（今左权县），接着相继将野战政治部、后勤部、卫生部、军工部、中共中央北方局、北方局党校、新华社华北分社、鲁迅艺术学校以及129师司令部等机关，移驻麻田镇周围。在这里，

麻田八路军总部旧址

麻田八路军总部大院

彭德怀、左权、刘伯承、邓小平等积极组织开展华北地区经济、政治、军队建设，粉碎日军"铁壁合围"计划，指挥所属部队抗击日军，为夺取抗战胜利、争取民族独立做出了巨大贡献。

1942年5月，日军对八路军总部所在地进行大"扫荡"，紧急情况下，八路军总部、北方局、野战政治部、华北新华日报社等机关千余人被迫分路向麻田镇以东山区隐蔽转移，左权将军在指挥部队突围时，不幸在十字岭被敌人的炮弹击中壮烈牺牲，时年37岁。左权将军是抗日战争期间八路军牺牲的最高将领。为了纪念左权将军，1942年9月18日，晋冀鲁豫边区政府接受边区人民的要求，将辽县县名更名为左权县。

1981年，麻田八路军前方总部旧址纪念馆落成。旧址共有3个院落，占地面积1368平方米，由总部机关旧址、左权旧居、邓小平旧居组成，陈列有抗战时期的文物和图片。1996年被公布为全国重点文物保护单位。

平型关大捷遗址

平型关位于繁峙县附近、灵丘县城西桥沟一带，距古长城关隘平型关约5公里，因抗日战争时期，这里发生了举世闻名的平型关战役而闻名，为全国第一批重点文物保护单位之一。目前在平型关老爷庙对面有1970年建的平型关纪念馆。

平型关大捷是指八路军115师在1937年9月25日晨至下午1

时,在平型关歼灭日本最精锐的板垣师团第21旅团一部1000余人,缴获步枪1000余支,轻重机枪20余挺,击毁汽车100余辆、马车200辆,取得的八路军出师以来首次集中较大兵力对日歼灭战的胜利。这是中国全面抗战以来的第一个大胜仗。平型关战役干净利索地消灭千余日军,粉碎了日军"皇军不可战胜"的神话,极大地振奋了抗日军队争取抗战胜利的信心;打破了日军在山西的作战计划和战略企图,顿挫了日军的锐气,使日军再不敢贸然进入山西腹地,有力地支援了中国正面军队的抗战。平型关大捷纪念馆是纪念我国抗日战争全面爆发后第一个大胜仗的展呈,是爱国主义和革命传统

平型关大捷纪念馆

平型关大捷纪念碑

教育的具有自然意义和历史意义的军事博物馆。

奇袭阳明堡日军机场遗址

阳明堡飞机场在山西代县阳明堡西南 3 公里、滹沱河畔 1 公里处，占地 400 多亩。这个机场 1935 年由阎锡山所建，设备简陋，没有围墙，就地跑道，燃料和弹药贮存在下班政村（原平管辖）的庙里。1937年10月1日，这座机场被日军侵占，并接收了阎军撤退后的全部军需物资，是忻口战役期间日军后方军事重镇之一。忻口战役期间，日军战机白天从这里起飞轮番到太原、忻口狂轰滥炸，晚上停放在机场。八路军第129师先遣部队769团为配合忻口战役正面作战，在代县、原平以北地区伺机从侧后打击进犯日军。10月19日黄昏，在团长陈锡联、副团长汪乃贵的指挥部署下，第三营营长赵宗德率领部下利用夜色掩护，钻过日军铁丝网，神不知鬼不觉地摸进阳明堡飞机场，分路逼近机场警卫分队和飞机群，向阳明堡机场日军展开猛烈的火力袭击，经过1小时激战，烧毁敌机24架，毙伤日警卫部队100余人，创造了以步兵歼灭大量敌机的光辉战例，给日军以沉重打击，摧毁了日军进攻忻口的空中力量，极大地支援了国民党军忻口战役的正面防守。

现遗址处只有一块"阳明堡飞机场遗址"纪念碑。

"阳明堡飞机场遗址"纪念碑

忻口会战遗址

忻口会战遗址位于忻州市高城乡忻口村北一里处的红崖湾，距现在的忻府区25公里。忻口会战是保卫太原的中心战役，也是由第二战区指挥的实施抵抗日军华北方面军第5师团进攻的一次大型防御战。这次战役从1937年10月13日至11月2日，历时21天，是台儿庄大战前，中日对峙时间最长、作战规模最大、双方付出代价最高的一次战役，也是我国全面抗战开始后国共两党团结合作、军事上相互配合防御作战的最为成功的一个战例。忻口会战是保卫太原的关键战役，受到蒋介石的高度关注，虽然失利，但中央军、晋绥军与八路军密切配合，协同作战，沉重打击了日军的嚣张气焰和不可一世的骄蛮姿态，极大地增强了中国军民抗战必胜的信心。同时也打乱了日本妄图速战速决、6个月内灭亡中国的狂妄企图，支援了平汉路中国守军的作战，为平汉路中国守军集结、南撤赢得了时间。

几十年来，忻口会战的遗址受到多方人士的普遍关注，但遗憾的是，现今留存的遗迹极少，只有距忻口北500米的红崖湾的15孔战备窑洞、1986年立的忻口战役标志碑和一面忻口战役纪念墙。纪念墙位于忻口村外公路边土山上，墙上是一组夜袭阳明堡机场、忻口炮战浮雕，右侧是阵亡的部分共产党和国民党官兵的姓名。而为国捐躯的万余名壮士的坟茔痕迹难寻，周恩来、彭德怀与前敌总

忻口抗战纪念墙

指挥卫立煌会商作战部署的指挥所，也未留下任何纪念性标志。国民党军队为之坚守、郝梦龄等将军壮烈殉国的204号高地也很难找到，更未保留任何标志性纪念设施。20世纪80年代，曾在忻口鏖战20余天吃尽苦头的日本老兵后代，专程越洋前来参观忻口这座"铜墙铁壁"，终因没有任何说明性文字和必要的讲解而作罢。

七亘大捷战场遗址

七亘大捷是八路军继平型关大捷后取得的第二个大胜仗。遗址在平定县马山乡七亘村外,现有徐向前元帅亲笔题写的"七亘大捷纪念碑"矗立。这是1985年2月,中共平定县委、县政府为纪念中国人民抗日战争胜利40周年而修建的。

  为配合国民党军队共同抵御日军的侵犯,1937年9月底,八路军129师在刘伯承师长的率领下从陕西出发,东渡黄河,开赴山西抗日前线。10月挺进太原后,立即驰援娘子关。第386旅旅长陈赓率部继续东进,于21日在娘子关东南的长生口和日军交了一次火,取得了胜利。之后陈赓带领战士们在娘子关的外线,山西与河北交界的30里半径内来回兜圈子。10月24日,日军第20师团左纵队沿测鱼—马山大道前进。当晚,其辎重部队在强大火力的掩护下西进,刘伯承师长率部队的政工人员和警卫班一行30余人,在夜幕下从平定赶到了马山村,住在村口的樱桃寺内。当得知敌我在七亘村遭遇时,他便亲率一行人马赶赴七亘村指挥战斗。10月25日,侵华日军20师团取道九龙关,迂回向平定开进,其辎重部队千余人由河北测鱼西上,七亘村是由测鱼进入平定的必经之地。刘伯承察看了七亘村周围的地形,于是命第772团埋伏在七亘村大道两侧的山崖间,伺机歼敌。果不出所料,27日上午9时许,测鱼镇日军果然出现在七亘村东的路上,两边是掩护部队,中间是驮着辎重的骡马和押运的士兵,在步兵200余人的掩护下向西开进。我军有意放过敌先头部队100余人通过伏击区,等其辎重骡马进入伏击圈内、后尾之掩护部队100余人还在跟进时,即抓住这一有利战机,向敌人的辎重部队突然发起冲击。敌人措手不及,除少数掩护部队和辎重骡马逃回测鱼镇外,大部分被我军歼灭。这场战役我军以伤亡10余人的代价，当场毙敌300多人，缴获战马300多匹以及大批军用物资。①

日军以为我军按兵家常规得胜撤退，于28日沿原路再次进犯。刘伯承出敌意外，反常用兵，再次于七亘村巧摆奇阵，致敌重陷伏击。由于敌人这次组织较前严密，掩护部队较多，战斗打得很激烈。这次，毙敌100余人，缴获骡马数十匹。我军伤亡20余人。

两次七亘村伏击战胜利后，刘伯承师长将缴获的日军战马、军刀、大衣等战利品，送给国民党第二战区副司令长官卫立煌一部分。卫立煌对七亘村"重叠待伏"的战术十分钦佩，认为是奇迹，是"兵家所忌"的一次大胆、巧妙的用兵。

七亘村大捷是刘伯承首次运用"重叠待伏"战术取得胜利的光辉战例，也是抗日战争初期八路军继平型关大捷后取得的又一次大胜仗。

百团大战纪念碑

阳泉市的狮垴山是百团大战第一阶段"交通总攻击战"的主战场之一。1987年6月30日建成的百团大战纪念碑矗立在阳泉市区南6公里、海拔1160米的狮垴山主峰上，包括百团大战纪念碑和

---

① 参照曹素英、吴国平：《刘伯承与七亘大捷》，载《文史月刊》，2005（8）。

| 抗战文化 |

百团大战纪念馆两个部分。2010年,在纪念百团大战70周年之际,新的百团大战纪念馆落成并开馆。抗日战争时期,朱德总司令、彭德怀副总司令在山西指挥了名震中外的百团大战。百团大战是中国抗日战争时期,中国八路军对日军在中国华北地区发动的一次规模最大、持续时间最长的战役。1940年夏秋,为粉碎日军"以铁路为柱,公路为链,据点为锁"的"囚笼政策",振奋、坚定敌后根据地和全国军民的胜利信心,制止国民党顽固派的投降活动,八路军总部发动了一次对日本侵略军占领的交通干线大破袭。以正太线为主,分别在平汉、同蒲、白晋、平绥、北宁各铁路干线配合行动。战役发起的第3天,八路军参战部队已达105个团,故称为"百团大战"。这次战役历时三个半月,共三个阶段。其中两个阶段是主动进攻,一个阶段是反"扫荡"。前后经过大大小小1820余次战斗,毙伤日伪军2.58万余人,俘虏大批

百团大战纪念碑

伪军和日军，破坏铁路940多公里，公路3000多公里，车站、桥梁、隧洞260多处，摧毁了大量敌堡和据点，严重地破坏了正太铁路和井陉煤矿。八路军伤亡1.7万余人，[1]取得了辉煌的战绩。

百团大战是抗战时期中国军队主动出击日军的一次最大规模的战役，打出了敌后抗日军民的声威，振奋了全国人民争取抗战胜利的信心，在战略上有力地打击了国民党政府中的投降派。

五台晋察冀边区临时行政委员会遗址

五台县石嘴村普济寺是晋察冀边区临时行政委员会遗址。

晋察冀边区下辖北岳、冀中、冀热辽三区。即同蒲路以东，津浦路以西，石太、石德路以北，张家口、承德以南的广大地区，是中国共产党在敌后开创的第一个抗日根据地，也是当时各敌后根据地建设的模范。1937年9月，林彪、罗荣桓、聂荣臻率领八路军115师挺进晋东北，首战平型关，取得震惊中外的第一个大胜利。随后，八路军115师主力继续南下，政委聂荣臻留驻五台山一带，遵照中共中央和中央军委的决定，率独立团、骑兵营及八路军总部特务团一部及地方工作团共2000余人，在山西、河北、察哈尔

---

[1] 以上数字参见《中国共产党编年史》（1937—1943），1142页，山西人民出版社、中共党史出版社，2002。

三省边界地区，开展抗日游击战争，相继收复蔚县、涞源、曲阳等20余座城镇，部队发展到1万余人。11月7日，根据中共中央军委命令，成立了晋察冀军区，聂荣臻任司令员兼政治委员。下辖4个军分区。晋察冀军区先后收复了晋北、冀西部分地区，根据地得到巩固和扩大。1938年1月在五台县石嘴村普济寺成立晋察冀边区临时行政委员会，宣告华北敌后第一个抗日根据地正式成立。3月，一部分部队挺进平西，开辟根据地。5月，在冀中成立八路军第3纵队兼冀中军区，下辖四个军分区；在平西成立八路军第4纵队。6月，第4纵队挺进冀东，策应了冀东20万人举行抗日武装暴动。1939年1月，成立了中共中央晋察冀分局，彭真任书记，辖中共晋察冀、冀中、冀热辽三个区委员会。此后，晋察冀根据地军民在八路军第120师等部队的配合下，多次粉碎了日军的围攻、"扫荡"，根据地发展至同蒲路以东，正太、石德路以北，津浦路以西，张家口、宁城、锦州以南，包括冀中、冀晋、冀察、冀热辽区，面积约80万平方公里，人口约2550万。1944年9月，中共冀晋、冀察、冀中、冀热辽区党委成立，同时成立二级军区和行政公署。9月，根据中共中央决定，中共中央晋察冀分局改为中共晋察冀中央局，聂荣臻任书记。11月，成立了察哈尔、热河两个省人民政府。晋察冀抗日根据地军民在八年抗战中同日伪军作战3.2余万次，歼灭伪军35万余人，军区部队也发展到32万人，对夺取抗日战争的胜利做出了重大贡献。

兴县蔡家崖晋绥边区革命纪念馆

兴县蔡家崖晋绥边区革命纪念馆即原中共中央晋绥分局、晋绥边区政府、晋绥军区司令部旧址。这个纪念馆曾是晋绥开明绅士牛友兰先生的宅院和花园，当地人称"花园院"。1940年2月，这里成立了晋西北行政公署，后改名为"晋绥边区行政公署"。1942年，晋绥军区司令部暨120师师部移驻此院，同时成立了中共中央晋绥分局，从此，蔡家崖成了当时晋绥政治、军事、文化中心，

晋绥边区革命纪念馆

时人誉称"小延安"。1948年春，毛主席在兴县蔡家崖发表的《在晋绥干部会议上的讲话》和《对〈晋绥日报〉编辑人员的谈话》两篇光辉著作，为晋绥人民指明了前进的正确方向，对全国革命形势的发展和边区的各项工作起了巨大的推动作用。为了"打过长江去，解放全中国"的革命需要，1949年2月21日晋绥边区撤销，所辖山西地区划分为晋南区、晋西北区，归陕甘宁边区领导。

晋绥边区，亦称晋绥抗日根据地，由中国共产党领导的八路军、山西新军以及其他抗日部队和依靠广大人民群众的支持共同创建，是我国最早的敌后主要根据地之一。晋绥抗日根据地包括山西西北部及绥远东南广大地区，东起平绥路、同蒲路，西至黄河，南迄汾（阳）离（石）公路，北达绥远之包头、百灵庙、武川、陶林一线。边区领导机关长期驻于兴县。1937年9月，贺龙、关向应等率领八路军120师挺进晋西北，配合国民党正面战场防御作战，开辟抗日根据地。同时，派出大批干部深入敌占区，组织抗日武装，并协同山西省牺盟会、动委会以及山西抗敌决死队等，开展抗日武装斗争。至年底，开辟了以管涔山为中心的包括10余县范围的晋西北抗日根据地。太原失守后，120师奉命向同蒲路北段出击，破坏日军的交通线。1938年2月，日军乘机向晋西北发起进攻。120师奉命回师，与敌激战20余日，收复7座县城，巩固了晋西北抗日根据地。8月，120师358旅政治委员李井泉率715团等部约2000人，挺进绥远北部，团结蒙古族人民，同杨植霖领导的抗日游击队会师，在绥中、绥西、绥南及察哈尔等地区开展游击战争，于年底开辟了大青山抗日根据地。至此，晋绥抗日根据地初步形成。1939年，贺龙、关向应率 120 师主力挺进冀中，山西抗敌决死队等在 120 师留守部队的配合下，多次粉碎日本侵略者的进攻，打退了阎锡山顽固派军队的围攻，与阎锡山达成汾阳至离石公路以北由八路军等抗日武装管辖的协议。1940 年 1 月，成立晋西北行政公署，由国民党元老、著名爱国将领续范亭任主任。8 月，晋绥根据地军民参加了著名的百团大战，粉碎了日军的反复"扫荡"，根据地面积扩大到 50 余县，人口约 150 万。1942 年 10 月，成立了中共中央晋绥分局，关向应任书记（林枫代理）；同时成立了晋绥军区，贺龙任司令员，续范亭任副司令员。1944 年开始，晋绥根据地军民向日军发动攻势作战，迫使日军向公路沿线县城据点退缩。1945 年，晋绥军民发起春季、夏季攻势，将日本侵略军继续压缩到同蒲路沿线和太原至汾阳公路沿线各据点，打退了国民党军队对大青山根据地的进攻，为战略反攻创造了条件。8 月，根据地军民展开大反攻。晋绥根据地军民在八年抗战中，同日伪军作战 3 万余次，歼敌 13.8 万人，八路军发展到 6 万余人，根据地面积达到 33.1 万平方公里，人口达 332 万，为抗日战争的最后胜利做出了重要贡献。

左权县晋冀豫边区监督参议会遗址

晋冀豫边区监督参议会第一次会议遗址在左权县（辽县）桐峪镇。1941 年，根据华北抗战形势的发展和巩固根据地的要求，邓小平于 3 月 16 日，受中共中央北方局委托，在冀太联办第二次行政会议上，提出了成立晋冀豫边区临时参议会（简称"临参会"）的建议，并希望在抗战四周年时召开临参会第一次会议，按照"三三制"原则选举临参会参议员，成立边区政府。会议接受了邓小平的建议，于1941年4月5日决定成立晋冀豫边区临时参议会筹备委员会，选举临参会参议员。与此同时，中共中央北方局提出了对晋冀豫边区目前建设的15项主张。为了阐明"三三制"原则，邓小平于5月在中共中央北方局机关刊物《党的生活》上，发表了《党与抗日民主政权》的重要文章，对"三三制"问题及共产党员如何在政权中发挥指导和监督作用，作了详尽的阐述。根据北方局的建议和邓小平这篇文章的精神，各地选举参议员的工作都在紧锣密鼓中进行。

1941年7月7日，晋冀豫边区监督参议会第一次会议在辽县桐峪镇开幕。7月9日根据中共中央北方局的建议，将鲁西33个县划入本区，晋冀豫临参会遂改名为晋冀鲁豫边区临参会。参加大会的参议员共133名，其中共产党员46名，占近1/3。杨秀峰向大会作了工作报告，彭德怀应邀作了《目前形势与抗日根据地的各种政策》的报告。会议审议了以中共中央北方局提出的15项主张为基础制定的边区政府施政纲领和各种重要条例、法令；选出临参会驻会委员14名和正副议长3人，八路军参议员申伯纯当选为议长，国民党参议员宋维周、邢肇棠为副议长。大会还选出了晋冀鲁豫边区政府的组成人员，共有委员15名。杨秀峰为边区政府主席，薄一波、戎伍胜为副主席，浦化人为高等法院院长。这次会议标志着晋冀鲁豫边区建立了统一的抗日民族政权。

沁源太岳军区司令部旧址

山西沁源县，地处太岳抗日根据地腹心，四面群山环抱，是太岳抗日根据地开创时期的领导中心地，也是太岳区党政军领导机关所在地。现在保留着太岳区党委、太岳行署、决死一纵队、太岳军区司令部以及区级机关的许多驻地遗址，其中的阎寨村，在当时被人们称为"小延安"。

沁源是太岳抗日民主根据地的一面旗帜，长期被日军视为"眼

太岳军区司令部旧址

中钉、肉中刺"，日军不断对沁源地区进行疯狂"扫荡"。在这里发生过令日军胆战心惊的"沁源围困战"。这一战役发生于1942年至1945年4月11日之间，是八路军太岳军区主力一部和地方武装、民兵相结合，对日军进行的反"扫荡"、反"蚕食"斗争中的长期围困作战。在长期的对日斗争中，沁源赢得了抗日模范县的光荣称号。全县8万人，没有一个人当汉奸，个个都是对敌斗争的坚强战士。在这场长达两年半的战斗中，沁源地区军民在太岳区委和太岳军区的领导下，充分发挥对敌斗争的聪明才智，进行不屈斗争。可圈可点之处有：首先针对敌人实施的"山地剿共实验区"开展了"空室清野"大行动，把水井填死、碾磨炸毁、粮食运走、家具搬尽，隐匿到深山老林与敌周旋，使日军失去了赖以生存的物质条件。接着又掀起"抢粮运动"，组织起来，乘夜摸进敌据点将敌人抢劫的粮食运出来。一夜之间，竟有万余军民出动，后来又发展到"劫敌运动"，不仅夺回敌人抢走的羊、牛和其他财物，而且连敌人的军用物资以及服装等也"劫"，使敌惊恐万分，惶惶不可终日。最为壮观的是"地雷战"，对敌人进行最后的围困。"家家造石雷，人人埋石雷"，在敌人补给线上到处埋下石雷，给了敌人一次又一次沉重打击。特别是1945年3月的"总围困"中，沁源军民将1.5万颗地雷、石雷密布在城关、交口敌据点周围和二沁大道上，形成多层雷阵、雷群、雷网，把敌人重重封锁起来，日军死伤300余人，付出惨重代价，狼狈逃窜。

在整个"围困作战中，抗日军民以弱胜强，用地雷战、麻雀战等方式作战2730次，持续围困日军长达两年半，毙伤日伪军4000

余人,俘虏日伪军 200 余人,解救被抓群众 1700 余人"。1944 年 1 月 17 日,党中央机关报《解放日报》特地发表了《向沁源军民致敬》的社论,指出"模范的沁源,坚强不屈的沁源,是太岳抗日民主根据地的一面旗帜,是敌后抗战中的模范典型之一"。沁源围困战是中外战争史上的奇迹,也是全民抗战的一个典型战例。

黄崖洞八路军兵工厂遗址

黄崖洞地处黎城县、辽县、武乡县之间,位于山西省黎城县赤峪村西,晋冀两省接壤之处,海拔 1600 多米。这里有八路军抗战期间在华北敌后建立的最大的武器弹药生产基地——黄崖洞兵工厂。该兵工厂是在 1939 年至 1941 年间,由八路军副总参谋长左权亲自领导下修建和完善起来的。它是抗日战争时期八路军在敌后根据地创建时间最早、规模最大的兵工厂,是最重要的八路军军火生产基地。

抗日战争爆发后,中国共产党领导的八路军东渡黄河,深入敌后,在太行山区创建了晋冀豫抗日根据地,开展不屈的游击战争。当时八路军武器装备十分匮乏。为了解决这一问题,1938 年 9 月,八路军总部在榆社县韩庄村成立了总部修械所,组织修理我军在战斗中损坏的武器和缴获的敌人枪械,同时还兼造地雷、手榴弹、步枪。步枪最高月产量达五六十枝,但仍远远不能满足战争的需要。1938 年 11 月,党的六届六中全会决定建立必要的军工厂。1939 年 7 月,遵照朱德总司令和左权副总参谋长的指示,八路军总部军工厂将榆社韩庄修械所迁到黄崖洞水窑山进行扩建。

黄崖洞是一个天然石窟,高悬在一道峭壁上,石洞外高25米,宽18米,内深72米,口小内大,浑然天成。洞外有沟,沟里有场,地形隐蔽。洞内绵延10多里,能打能藏,易守难攻,是天然的兵工厂物资弹药仓库。兵工厂曾发展至700多人,主要生产步枪、刺

黄崖洞

刀、掷弹筒、五零炮等各类武器和弹药,年生产量可装备16个团。黄崖洞兵工厂的发展,使日本侵略者感到十分恐惧。从1940年冬起,日军就开始调集精锐兵力,多次向黄崖洞进犯或偷袭,意欲一举把八路军的兵工厂拿掉,但终未得逞。1941年11月,日军组织5000多装备精良的主力,并有空军配合,再次向黄崖洞兵工厂进犯。当时受命保卫黄崖洞的仅有八路军总部特务团和当地抗日民兵的少数兵力。在八路军副总参谋长左权、特务团团长欧致富、政委郭林祥的指挥下,守备兵工厂的八路军特务团和当地民兵密切配合,利用有利地形与进犯敌军激战,击退敌人多次冲击,始终未让敌人越过水窑一步。经过8个昼夜的激战,歼敌1850人,八路军伤亡350人,以敌我伤亡6∶1的辉煌战绩,取得了黄崖洞保卫战的胜利。①黄崖洞保卫战被中央军委评价为"1941年以来反'扫荡'的一次最成功的模范战斗",八路军总部授予特务团"黄崖洞保卫战英雄团"的光荣称号。这一仗打出了八路军小米加步枪的威风,打灭了日本侵略军的骄横,在国内、国际战争史上创造了以少胜多、以劣质装备战胜优质装备的奇迹,名扬世界。

  1944年9月,在抗战形势好转的情况下,军工部对太行军事工业进行了大调整,编成9个兵工厂和1个试验所。解放战争时期,太行军事工业得以飞速发展,工厂增至26个,职工达1.4万余人,

---

  ① 以上数字参见《中国共产党编年史》(1937—1943),1220页,山西人民出版社、中共党史出版社,2002。

制造的武器达50多个品种。黄崖洞兵工厂不仅为中国革命战争的胜利制造了大量武器，而且在艰难困苦的环境下，锤炼出了一大批工业建设人才。

现在黄崖洞革命纪念地由八路军水窑山兵工厂旧址、黄崖洞保卫战旧址、纪念馆、烈士墓、纪念牌楼组成，是全国爱国主义教育示范基地和全国红色旅游经典景区之一。

左权烈士陵园

八路军副总参谋长左权壮烈殉国后，晋冀鲁豫边区政府决定将辽县改名为左权县。

左权（1905—1942），字叔仁，中国工农红军和八路军高级指挥员，著名军事家。湖南醴陵人。他是八路军在抗日战场上牺牲的最高指挥员。

左权1924年进入黄埔军校学习。1925年2月加入中国共产党。同年12月赴苏联，先后在莫斯科中山大学、伏龙芝军事学院学习。1930年回国后到中央苏区工作，先后任中国工农红军学校第一分校教育长、新12军军长、第五军团第15军军长兼政治委员、中革军委第一局局长和红一军团参谋长等职，参加了中央苏区历次反"围剿"作战和长征。1936年5月，任红一军团代理军团长。

抗战爆发后，左权担任八路军副总参谋长、八路军前方总部参谋长，后兼八路军第二纵队司令员，协助朱德、彭德怀指挥八路军

左权烈士陵园

开赴华北抗日前线,开展敌后游击战争,粉碎日军多次残酷"扫荡",威震敌后。其高超的指挥艺术、严密细致的参谋业务、扎实的工作作风,深受朱德、彭德怀的赞扬。1940年秋,左权协助彭德怀指挥著名的百团大战。1941年11月指挥八路军总部特务团进行黄崖洞保卫战,经8昼夜激战,以较小的代价歼敌千余人,被中央军委称为"反'扫荡'的模范战斗"。他还是一个有理论修养同时有实践经验的军事家,从1939年至1941年,他撰写了《论坚持华北抗战》、《埋伏战术》、《袭击战术》、《战术问题》、《论军事思想的原理》等文章40余篇。左权为创建并巩固华北抗日根据地,发展壮大人民抗日武装,为八路军的全面建设,建立了不朽的功勋。1942年5月,日军对太行抗日根据地进行"铁壁合围"大"扫荡"。5月25日,左权在山西省辽县麻田附近指挥部队掩护中共中央北方局和八路军总部等机关突围转移时,在十字岭战斗中壮烈殉国,年仅37岁。左权阵亡,全党为之悲痛。周恩来称他"足以为党之模范",朱德赞誉他是"中国军事界不可多得的人才"。

抗战胜利后,为怀念八年抗日战争中英勇献身的革命烈士们,左权县人民在原万寿宫旧址上修建了左权烈士陵园。园内有3个纪念亭,主亭前安放着左权将军铜像,亭中矗立着左权将军纪念碑,上镌朱德同志纪念左权将军的悼词、罗瑞卿同志纪念左权将

左权将军像

军的碑文和左权县八年抗战始末。左亭石碑上镌有叶剑英同志悼左权将军的《满江红》一词。纪念塔中矗立着左权县八年抗战党政军民殉国烈士英名录石碑。东西长廊陈列着左权革命英烈展。后面是左权将军纪念馆，并有刘华清同志在纪念八路军总部进驻麻田50周年前夕，为左权将军纪念馆题写的馆名。在麻田镇东北方向北艾铺村南1公里处的十字岭峰顶，左权将军的殉难处，建有高70厘米、宽105厘米、厚15厘米的左权将军殉难处汉白玉纪念碑，正面刻着"左权同志永垂不朽"，左面和右面分别刻着邓小平、朱德的题词，后面则刻着彭德怀撰写的左权同志碑志。主碑四周还树有8块石碑，镌有朱德、彭德怀、周恩来、刘伯承、邓小平撰写的纪念文章。

范亭中学和续范亭纪念堂

续范亭（1893—1947），是山西省崞县（今原平市）西社村人，著名爱国将领，深受国人爱戴，1947年在山西病逝。创建于1946年的原平一所中学以他的名字命名，校内有1993年扩建、总投资70余万元的续范亭纪念堂，是山西省爱国教育基地、德育教育基地和国防教育基地。

续范亭早年参加孙中山领导的同盟会。1911年辛亥革命时，任革命军山西远征队队长，后组织西北护国军，讨伐袁世凯。1925年前后任国民军第三军第二混成支队参谋长、第六混成旅旅长、国民军军政学校校长。大革命期间受冯玉祥聘请，在西安担任军事政治学校校长，与共产党人最早有过接触；后来一度归隐。"九一八事变"后，日军窥视华北，时任陆军新编第一军中将总参议的续范亭将军深感国难深重，亲赴南京呼吁抗日，却被蒋介石拒绝。此时续范亭深感报国无门，写下《绝命诗》"赤膊条条任去留，丈夫于世何所求？窃恐民气摧残尽，愿把身躯易自由"等五首，

续范亭纪念堂

于1935年12月26日在南京中山陵短剑切腹，冀以一死唤醒国人，以悲壮之举宣布与蒋介石集团彻底决裂。续范亭剖腹自杀、要求抗日的壮举，全国为之震惊。遇救未死的续范亭继续为抗日奔走呼号，赞同中国共产党停止内战、团结抗日的主张。1937年9月，他任第二战区民族革命战争战地总动员委员会主任委员，与共产党人合作创建山西新军。1939年，阎锡山发动"十二月事变"，密谋消灭晋西北抗日武装，他亲赴八路军第120师第

358旅通报情况，研究对策，参与指挥反击国民党顽固派的战斗。1940年，日军对晋西北实行残酷的大"扫荡"，身为晋西北军区副司令员的他，率行署机关日夜转战，终因积劳成疾，于1947年病逝于山西。同年9月13日，续范亭被追认为中国共产党正式党员。续范亭的英雄事迹至今被广为流传。

薄一波故居

薄一波故居坐落在定襄县蒋村，建于清朝末年，占地283平方米，属北方四合院落，大约是薄一波老祖父修建。解放后部分房子

薄一波故居

倒塌，村里又仿照原样进行翻修而成。1996年薄一波将此院无私地捐献给国家。现在此院由定襄县人民政府文物旅游管理中心管理。2007年6月，忻州市人民政府将其公布为第一批市级文物保护单位。

薄一波（1908—2007），原名薄书存，山西定襄县蒋村人。1925年入党，曾任中共山西国民师范学校支部书记，太原北部地区委员会副书记、书记和山西临时省委委员，参加领导太原的学生和工人运动。大革命失败后，转入晋北农村从事秘密革命工作。1929年至1931年间，在北平、天津、唐山等地从事兵运工作，先后任中共天津市委士兵工作委员会书记、平汉线北段兵暴委员会书记、顺直省委军委常委，参与组织和领导了唐山兵变和平汉线北段兵变等斗争。薄一波曾四次被捕，两次入狱，保持了共产党员的崇高气节。1931年他在北平被捕，被关押在北平军人反省分院，在狱中曾任中共支部书记。1936年8月经组织营救出狱后，被派往太原任中共山西省工委书记，与山西地方实力派阎锡山达成从事抗日救亡工作的协议，参与领导山西牺牲救国同盟会，主办抗日军政训练班、民政干部训练班和国民党军官教导团，推动山西走向抗战。抗日战争爆发后，于1937年8月建立山西新军"山西青年抗敌决死队"，任第一总队政委，随即率部开赴晋东南地区，配合八路军开展抗日游击战争，参与创建太岳抗日根据地。1939年阎锡山发动"十二月事变"后，所部编入八路军第129师序列，任决死第一纵队司令员兼政委。1941年7月任晋冀鲁豫边区行政委员会副主席，8月任太岳纵队兼太岳军区政委。1942年10月后任中共太岳区党委书记、中共中央太行分局委员。1943年12月赴延安入中共中央党校学习。1945年6月当选为中共七届中央委员。抗日战争胜利后，任中共晋冀鲁豫中央局副书记、晋冀鲁豫军区副政委。1948年5月起任中共中央华北局第二书记、第一书记，华北军区政委，华北人民政府副主席。参与平津战役的组织工作，曾兼任平津卫戍区政委、绥远军区政委。新中国成立后，先后任中央人民政府委员、政务院委员兼财政经济委员会副主任、财政部部长、国家建设委员会主任、国家经济委员会主任。1956年5月起任国务院副总理。同年9月当选为中共八届中央政治局候补委员。1959年4月、1965年1月两次继任国务院副总理，并曾兼国家经济委员会主任。"文化大革命"中曾因"六十一人叛徒集团案"遭受迫害。1979年7月出任国务院副总理。同年9月被增补为中共第十一届中央委员。1982年5月任国务委员，曾兼任国家经济体制改革委员会副主任。同年9月和1987年11月，两度被选为中共中央顾问委员会副主任。2007年1月15日20时30分在北京逝世，享年99岁。

徐向前故居

徐向前故居位于山西省五台县东冶镇永安村，始建于清道光初年。1990年徐向前去世后，五台山人民政府对其故居进行了修复，时任政协主席的李先念亲自题了匾额"徐向前故居"。1993年被山西省文物局列为山西省重点文物保护单位，同时还被确定为全国及省的爱国主义教育基地、革命传统教育基地、德育教育基地及国

| 抗战文化 |

徐向前故居

防教育基地。

  徐向前（1901—1990），原名徐象谦，字子敬，生于山西五台永安村。中国人民解放军的十大元帅之一。1924年4月考入黄埔军校第1期，从此走上救国救民的革命道路。1927年3月加入中国共产党，后被派往国民革命军第二方面军任司令部参谋。1929年到1934年间，在参与领导开创鄂豫皖和川陕苏区斗争中提出了一系列建设人民军队的指导思想，主要有坚持共产党对军队的绝对领导，重视红军的政治建设，主张大力加强对士兵的阶级意识和土地革命教育；倡导红军内部发扬民主精神，发挥士兵委员会的作用；

主张从严治军，把爱护士兵与严格管教统一起来，把民主与纪律结合起来；和红四方面军其他领导人共同制定了不拿穷人一针一线、对穷人态度要和蔼、积极宣传红军主张、获得物资要先顾伤员等10项军纪，并根据各部队的特点，因势利导，培养出一批各具进攻、防御、夜袭、追击等战术特长的"拳头"师团；注重部队的作风建设，并以身作则，严格要求，培养锻炼了红四方面军"狠、硬、快、猛、活"的战斗作风。

1937年"七七事变"后，徐向前担任八路军129师副师长。为了与阎锡山建立抗日民族统一战线，毛泽东主席指定徐向前随周恩来回山西与阎锡山谈判。8月，任八路军第129师副师长，参与指挥广阳、神头岭、响堂铺等战斗和晋东南反"九路围攻"。1938年4月率第129师和第115师各一部进入河北省南部，提出要在平原地区依靠群众建立"人山"，开展游击战争，同时提出具体的战术要求和实施计划，积极组织和发动群众，扩大共产党领导下的抗日武装，建立统一战线和抗日民主政权，采取正确的政策，收编和改造各色旧式武装，反对国民党顽固派挑动的武装摩擦，创建了冀南抗日根据地。1939年1月起，参与组织和指挥冀南春季反"扫荡"。同年6月奉调山东，任八路军第1纵队司令员，统一指挥山东和苏北、皖北八路军部队，开展抗日游击战争，多次挫败日伪军的"扫荡"；与此同时，坚持统一战线中独立自主的原则，积极建立抗日民主政权，普遍组织各种群众性抗日救亡团体，并对国民党顽固派进行有理、有利、有节的斗争。1940年底返回延安。1942年任陕甘宁晋绥联防军副司令员，后任抗日军政大学校长。1945年6月被选为中共第七届中央委员。解放战争中,又指挥了运城、临汾、晋中及太原战役,建立了赫赫功勋。新中国成立后,徐向前历任解放军总参谋长、军委副主席、国务院副总理、中共中央政治局委员等要职。

白求恩模范病室遗址

位于山西五台县城东 45 公里的松岩口村。诺尔曼·白求恩(1890—1939),加拿大共产党员,著名的胸外科医生,伟大的国际共产主义战士。他是加拿大维多利亚皇家医院的外科主任,他在加拿大的生活环境相当优越。1937 年中国抗日战争爆发后,白求恩受加拿大共产党和美国共产党的委托,放弃安逸舒适的生活,组织医疗队前来支援中国抗日战争。1938 年 3 月,他率领医疗队到达延安,坚决要求到战斗激烈的晋察冀边区工作,救治中国的抗日受伤将士。同年 5 月,医疗队从陕北清涧出发,先后到达晋绥边区第 120 师重伤员收治所所在地贺家川、晋察冀边区的北岳区。一到边区他就忙着视察医院,检查伤员,投入紧张的工作中。8 月,他任八路军晋察冀军区卫生顾问,由于当时后方医院医药和器械严重缺乏,医护人员技术水平低下,他决定创办一所标准化示范医院,供教学和治疗之用。9 月 15 日,他利用松岩口村龙王庙改建成有手术室、消毒室、医务室、洗涤室、病房等设施的外科病室,组织制作各种医疗器材,给医务人员传授知识,编写医疗图解手册;举办医务干部实习周,加速训练卫生干部,被晋察冀军区司令部命名

白求恩模范病室遗址

为"白求恩模范病室"。他积极组织战地流动医疗队出入火线救死扶伤。为减少伤员的痛苦和残废,他把手术台设在离火线最近的地方。在广灵伏击战中,他一天行军百余里赶到前线,在敌机轰炸和炮火轰击中坚持救治八路军伤员,连续40个小时做手术71人次。1939年2月,他穿过日军封锁线,率18人的"东征医疗队"到冀中前线救治伤员。在齐家会战斗中,他连续工作69小时,给115名伤员施行了手术。他还倡议成立并参加了志愿输血队,并主动为急需输血的伤员献血300毫升。他创办卫生学校,培养了大批医务干部;编写了《游击战争中野战医院的组织和技术》、《战地救护须知》、《战场治疗技术》、《模范医院组织法》等多种战地医疗教材。他还将自己的X光机、显微镜、一套手术器械和一批药品捐赠给军区卫生学校。

1939年10月下旬,在涞源县摩天岭战斗中,因抢救伤员手术时他的左手中指被碎骨刺破受到致命的感染。但他仍不顾伤痛,坚持跟医疗队到前线进行战地救护。终因伤势恶化,转为败血症,医治无效,于11月12日凌晨在河北省唐县黄石口村逝世。白求恩逝世后,晋察冀边区党、政、军领导机关和驻地群众在紧张的反"扫荡"间隙,为他举行了隆重的安葬仪式。后来在河北唐县军城村精心修建了白求恩墓。1939年12月1日,延安各界举行追悼大会,毛泽东题了挽词。为了深切悼念白求恩同志,毛泽东特别撰写《纪念白求恩》一文,高度赞扬了白求恩"毫无利己的动机,把中国人民的解放事业当作他自己的事业"的国际主义精神、共产主义精神,号召每一个共产党员向他学习;热情赞扬了他身上表现出的"对工作的极端的负责任,对同志对人民的极端的热忱"的"毫不利己专门利人的精神"。

临汾"克难坡"遗址

　　克难坡原名"南村坡",位于吉县壶口瀑布东北方约6公里处,东面毗连南村,西面濒临黄河,南面是深沟,东西长约1公里,南北宽约0.5公里,是一个葫芦状的土石结合的山梁,地势十分险要。抗日战争时期,国民党、共产党建立了第二次国共合作关系。为了一致抗日,蒋介石把全国划分成了五个战区,后增加到九个战区。山西属于第二战区,阎锡山为第二战区最高长官。1937年11月,日本侵略军攻陷太原,阎锡山率山西省政府军政人员退居临汾。1938年2月,日军沿同蒲铁路南侵,阎锡山又由临汾出发,经隰县、蒲县、大宁,最后到达吉县南村坡。为避讳"南村坡""难存"的谐音,阎锡山改名为"克难坡",并速调晋军一个工兵师,在黄河东岸山上的平坦地方,就地取材,从黄河岸旁采石,用五台县最好的石匠,花费一年多时间,把克难坡建成了一座窑洞层叠、颇具规模、可容纳2万多人居住办公的山巅小城。从此克难坡成为阎锡山第二战区司令长官部、山西省政府等首脑机关驻地,第二战区的军事指挥重镇。第二战区司令阎锡山在这里一住就是5年多。现在其他战区的遗迹早已荡然无存,唯有克难坡这个山巅小城堡成了全国仅存的一处抗战时期战区长官司令部遗址。现在"克难坡"的后山还有被阎锡山命名的"望河亭"。亭前石柱上有阎锡山亲书的对联:左联为"裘带偶登临,看黄流澎湃,直下龙门,走石扬波,阅不尽千古英雄人物"；右联为"风云莽辽阔，正胡马纵横，欲窥壶口，抽刀断水，誓收复万里破碎山河"。横批是"北天一柱"。

阎锡山故居

阎锡山故居位于山西省定襄县河边村（原属五台县），是民国时期曾统治山西近40年的阎锡山的一座私宅，也是中国目前保存较完整的旧中国最大的官僚私邸之一。它始建于1913年前后，至1937年抗战爆发前夕，先后建成了都督府、得一楼、上将军府、二老太爷府、穿心院、东花园、西花园以及子明慈幼院等大小30多座院落，近千间房屋（现存27座院落、700余间房屋），总占地面积3.3万余平方米。1986年8月18日，阎锡山故居被山西省人民政府列为省级重点文物保护单位，1988年8月被开辟为晋北河边民俗博物馆。阎锡山（1883—1960），字百川，号龙池，山西五台县河边村人，日本陆军士官学校第六期毕业生，清朝陆军步兵科举人、协军校，同盟会员，组织与领导了太原辛亥起义。民国时期，历任山西省都督、督军、省长、北方国民革命军总司令、国民党中央政治委员、军事委员会副委员长、太原绥靖公署主任、第二战区司令长官、山西省政府主席、国民政府行政院院长、国防部部长。一级上将。1939年12月至1943年4月任山西大学校长。解放前夕去台湾，卸职后避居阳明山著述至去世。

1929—1930年阎、冯倒蒋前后，河边村一度成为全国军事政治中心，而为国内外所瞩目。阎锡山故居整体建筑庞大恢宏，错落有致，有民间四合庭院，有典雅的亭台楼阁，有古朴的砖石窑洞，还有新奇的仿欧建筑，融民间与官方、中国与西洋建筑风格于一体，气势恢宏堂皇，格局变幻诡奇，特别是主要建筑物下面的地道、地下室为这座故居罩上了一层神奇的面纱。它不仅是研究阎氏家族繁衍兴衰的珍贵实物，也是阎锡山本人在政治仕途上升降沉浮的历史遗迹。它以鲜明的民间民俗色彩和中西结合的建筑艺术风格显示了其独特的文化价值与美学价值。

阎锡山故居

日军暴行罪证

抗战八年中，日军在山西犯下滔天罪行。据有关资料统计，晋绥边区晋西北的 24 个县，被日军杀害的群众 12.7 万人，致伤、致残 8 万余人，被俘、失踪 9 万余人，被抢粮食 3057 万石；晋察冀边区晋东北 17 个县，被日军杀害的群众 9 万余人，被抓捕 3 万余人，下落不明的 11 万人，被烧房屋 39.7 万间，被抢粮食 650 万石，被抢牲畜 9.8 万余头；晋冀鲁豫边区的太行、太岳区，被日军杀害的群众 16.9 万人，被烧房屋 22.6 万间，被抢粮食 120.6 万石。据中国解放区临时救济委员会晋冀鲁豫边区分会 1946 年 1 月统计，全区的财物损失折合法币（1935 年由国民政府发行的法定货币）42772.25 亿元。日军罪行罄竹难书，这里仅举几例作简要陈述。

天镇城"八八"惨案

1937 年 9 月 12 日，侵华日军的铁蹄踏入山西省天镇城，连续进行了 3 天的大屠杀，2300 余群众饮刃喋血死于非命。这天是农历八月初八，当地人称这次蒙难为"八八"惨案。

1937 年 9 月初，日本关东军东条纵队本间旅团和铃木旅团沿平绥路西犯，进入天镇县境。翌日即 9 月 12 日晨 6 时左右，日军用大炮轰塌城墙东北角进入城内，开始了一场灭绝人性的大屠杀。上午9时许，日军在城内四处鸣枪，搜杀逃散在街巷中的难民。西北街贺贤等14人被7名日本兵逼到一个院里，尽被杀戮，贺贤抱头躲闪，身中9枪，因未伤致命处，死里逃生，至今在世。同街一个马姓人家的一个大院里十几口人，除一名8岁幼女受枪声惊吓昏倒在同院一位70多岁的老奶奶死尸旁幸存外，余皆惨遭枪杀。城内有名的古建筑南街慈光楼和北街银行等被烧毁。西街"积厚成"、"庆福元"、"德庆隆"、"义和成"、"天德公"等商号，店门大开，货架狼藉，货物被抢掠一空，不值钱的货物被弃掷满街。抢劫后，日军又将这20余间店铺浇上汽油点燃，顿时，各处起火，烟罩全城。日军在光天化日之下，公然强奸妇女，更为残忍的是一位年仅十五六岁的张姓少女，被7名日军轮奸后，揪住双腿，活活分尸。之后，日军先后又在马王庙西门南侧进行了数次大屠杀。

大同煤矿"万人坑"

大同煤矿"万人坑"是大同市煤矿展览馆的别称，因其拥有日军侵华期间被日军残害的6万余具矿工尸骸的2个山洞而得名。"万人坑"位于大同市矿区煤峪口南沟，分上、下2个洞，上洞宽5米多，深40余米，系一自然山洞；下洞宽4米左右，深70余米，为旧时小煤窑的坑道。2个洞内层层叠叠堆满了第二次世界大战期间日军占领大同市后杀戮或迫害致死矿工的尸体。此处是目前国内现存最大、最完整的一个"万人坑"，也是日军侵华遗址中唯一能够见到被害同胞尸骸的地方。

| 抗战文化 |

大同煤矿万人坑遗址纪念馆

据馆藏史料记载：1937年10月，日本侵略者占领大同煤矿后，野蛮地推行"以人换煤"的血腥政策，疯狂地掠夺大同的煤炭资源，以达到其"以战养战"的目的。他们在我国各地设立许多招工事务所，以盖房、筑路等为名，从山东、江苏、河南、河北、北京、天津、安徽等地抓骗农民和失业小手工业者到大同矿山当劳工。劳工被迫在闷热、潮湿、煤尘弥漫的矿井里每天干十几个小时的重活，生活条件极差。大批外地劳工因水土不服等原因，相继患上了痢疾、伤

大同"万人坑"

寒等传染病症,惨无人道的日本侵略者不仅不给医治,反而把他们关进隔离所,到奄奄一息时,又扔到荒郊野外、河滩山谷、山洞和旧煤窑中。特别是1942年夏天矿区流行传染病,每天成百人死亡,日军设立了"烧人场",被烧的人很多都是活人。"万人坑"陈列馆资料显示,在忻州窑南山的劳工房,凡是日军认为有病、已丧失劳动能力的统统被烧死。死去的矿工大都被"抬尸队员"抬出扔到荒山峡谷或废旧矿坑中,日积月累便形成了一个个白骨累累的"万人坑"。大同矿区较大的"万人坑"有20多处。煤峪口南沟"万人坑"是现存最大、最完整的"万人坑"。坑内层层叠叠地堆满了死难矿工的尸体。这些尸体有的头颅被击穿,有的四肢被砍掉,有的脊骨被扭折,有的被紧紧捆绑,有的痛苦地抚摸着身体,有的挣扎着向洞口爬行,还有的像在怒视呼喊。许多尸体的姿态可以清楚地表明,有些矿工是活着被扔进坑内的。据记载,日军占领大同煤矿 8 年，成立大同煤矿株式会社，从大同掠夺煤炭达 1400 多万吨，6 万多名矿工被摧残致死。中国劳工"红色鲜血"浸染的"黑色煤炭"，被日军疯狂掠去开动残害人类的战争机器。山西大同"万人坑"成为日本侵略者侵华惨无人道的历史记录。

20 世纪 60 年代中期，大同市对"万人坑"尸骨洞穴进行了保护性整修，在山下建造了展览馆，并陆续对外开放。先后被省政府命名为"爱国主义教育基地"、"国防教育基地"。2002 年"万人坑"被山西省旅游局确定为国家 AA 级旅游景点。2004 年被省文物局确定为省级文物保护单位。"万人坑"以其特殊实证震惊了世界。

山西境内日军的部分罪恶数据

惨　案	时　间	遇害人数
阳高城惨案	1937 年 9 月	1000 余人
朔县城惨案（朔州）	1937 年 9 月	4000 余人
天镇城惨案	1937 年 9 月	2300 余人
宁武城惨案	1937 年 10 月	4800 余人
崞县城惨案（原平）	1937 年 10 月	2500 余人
崞县南怀化村惨案	1937 年 10 月	1200 余人
寿阳县羊头崖惨案	1937 年 11 月	216 人
阳城城关三次劫难	1938 年 2 月	1000 余人
长治县城惨案	1938 年 2 月	1500 余人
潞城神头村惨案	1938 年 3 月	236 人
血洗兴县城乡	1940 年 12 月	1300 余人
寿阳阳摩寺惨案	1940 年 12 月	219 人

这些用数据堆积的血债，记录了日本侵略者在山西犯下的滔天罪行，同时，也记载着山西作为敌后抗日根据地为中华民族解放事业所付出的高昂代价。

审判日本战犯太原特别军事法庭旧址

旧址在太原海子边大礼堂。新中国成立后，根据中央指示，山西省于1952年6月成立了"日本战争犯罪分子罪行调查联合办公室"（以下简称"联合办公室"）。同年7月至10月间，该联合办公室先后接收了由人民解放军华北军区培训团、中华人民共和国公安部、华北行政委员会公安局、天津市公安局、山西省公安厅等单位解送的136名日本战犯。他们之中有原日本关东军高级参谋、阎锡山西北实业公司顾问、曾策划"皇姑屯事件"炸死张作霖的河本大作，此人曾一度操纵和控制山西经济命脉；有杀害抗日女英雄赵一曼的大野泰治；有从事特务间谍活动的"华北交通株式会社"警务部警备课长、"资业局"第二课长、"北支那交通地志室"（通称富永机关）主事、蒋介石政府"国防部二厅北平电讯支台"副台长富永顺太郎；有原日伪山西省政府顾问辅佐官城野宏等。1952年6月，山西省联合办公室通过提讯日本战犯，以及利用多种形式，对日本战犯进行了调查取证。在太原收押的这些战犯，主要犯罪行为多发生在山西，犯罪情节令人发指。前日军大尉住冈义一在任机关枪教育队教官时，为了训练新兵，在太原市小东门外，将340名被俘人员分批集体屠杀，遇害人中有八路军干部和抗日大学分校的男女学生；前日军陆军大尉菊地修一曾参加了以八路军战俘作为催泪瓦斯毒气实验品的实验；前日军军医大尉汤浅谦如多次参加将战俘进行活体解剖的罪恶活动等。这些战犯，双手无不沾满了中国人民的鲜血。

1956年6月，中华人民共和国最高人民法院特别军事法庭，在太原开庭审判关押在太原的部分战争犯罪分子，举世瞩目。1956年6月12日，太原市海子边大礼堂庄严肃穆。根据中华人民共和国全国人民代表大会常务委员会《关于处理在押日本侵略中国战争中战争犯罪分子的决定》，我国最高人民法院特别军事法庭在这里开庭，公开审理城野宏、相乐圭二、菊地修一、永富博之、住冈义一、大野泰治、笠实、神野久吉等8名日本战犯战争犯罪案。到庭旁听的山西省、太原市各民主党派、各人民团体、厂矿机关、学校、农民的代表及报社记者4000余人见证了这一历史时刻。

这8名战犯，参加日本帝国主义侵华战争，公然违背国际法准则和人道原则，犯有各种战争罪行。仅他们亲手屠杀和指挥部下杀害的中国人即1120余名。诸如以被俘人员作"试胆锻炼"的"活人靶"；以农村少年作试验肠缝合手术的"活体解剖"材料；以乱棍打死、砖头砸死、火烧、活埋等各种形式残杀中国人民。手段残忍，灭绝人性。其中住冈义一即杀害中国人400余名。大野泰治是以残酷手段对抗日英雄赵一曼刑讯残杀的伪满滨江省公署特务科股长。1945年8月日本无条件投降后，这些战争罪犯仍怙恶不悛，又公然违反《波茨坦公告》与其他国际公法，怀抱着东山再起的梦幻，以"复兴皇国，恢弘天业"为宗旨，实施战败后"山西残留"。利用军阀阎锡山借日军力量对抗解放军的企图，继续保留武装，明火执仗地对抗中国共产党领导的人民解放战争，肆无忌惮地杀害中国人民。在3年多时间里，"残留"日军参加了晋北战役、汾孝战役、正太战役、晋中战役、太原战役等重要战事，并施放毒瓦斯，造成解放军战士的严重伤亡。据"残留"活动主要策划、组织者城野宏交代，仅"太原战役"牛驼寨要塞作战，被残留日军炮火和毒瓦斯杀伤的解放军即1600余人。

对这一案件的审判，由特别军事法庭副庭长朱耀堂担任主审审判长。侦处日本战犯工作团副团长、中华人民共和国最高人民检察院检察员、出席太原庭首席检察员井助国，检察员军法大校黄泽湘，检察员军法中校郭轩，山西省人民检察院检察员张焕新等四人，担任国家公诉人，并出庭支持公诉。冀贡泉、王克勤等八位律师担任八名被告人的辩护人。

审理过程中，法庭审查了681人提出的控诉书316件，262名证人提供的证词236件、档案与其他证据材料399件，以及各被告人口供、笔供材料等，并当庭听取被害人控诉、证人证言，被告人供述、辩护人辩护和检察员意见。6月20日，根据(56)特军字第三号判决书，特别军事法庭宣判战犯城野宏有期徒刑18年，相乐圭二有期徒刑15年，菊地修一有期徒刑13年，永富博之有期徒刑13年，住冈义一有期徒刑11年，大野泰治有期徒刑13年，笠实有期徒刑11年，神野久吉有期徒刑8年。山西省人民检察院编著的《侦讯日本战犯纪实（太原）》一书，详细记述了1952年到1956年，对在太原关押的日本战犯罪行的全面侦查、公开审判和对犯罪稍轻、悔罪较好的120名战犯免予起诉的情况，并以翔实的史实，图文并茂地揭露了日本军国主义发动侵略中国战争所犯的滔天罪行。书中还揭露了日本投降后，部分日军妄图把山西变为复活日本军国主义势力的基地，继续残留山西，阻碍我国人民解放事业的罪行。对我国管教人员向战犯们进行的教育、感化和挽救工作情况，也作了记录。

新华社山西分社原副社长马明作为在太原组织的特别军事法庭宣传组负责人和新华社记者，参加了我国最高人民法院特别军事法庭在太原审判日本战犯的新闻报道工作，耳闻目睹了这次审判战争犯罪分子的全部过程。他说，这次法庭审理的众多案例中，留藏在记忆里的永远无法忘记的有四件事。

一是城野宏为他的严重罪行狡辩受到严厉反驳。1944年至1945年，该犯担任日伪山西省政府顾问辅佐官和山西保安队指挥官时，被证实犯有策划、指挥日军三次"扫荡"晋中各县，大肆掠夺粮食财物的罪行。但是，他为开脱罪责，只承认一次是由他策划、指挥的。审判员立即传出曾任日伪山西保安队副司令的赵瑞出庭作证，赵瑞反驳说："每次'扫荡'都是先由他和日军第一军参谋岩田清一研究决定后才告知我，并一同率领部队去执行的。"

二是60多岁的受害人党翠娥痛斥永富博之。她说："1943年农历九月九日，永富博之带领驻在沁源县的日伪情报处工作队窜到俺自强村'扫荡'，用手推脚踢把12个妇女、儿童赶进一孔窑洞里，点燃柴草烧了两次；又用大石板盖住洞口，烧死八人，内有我的三个儿女、两个侄女和两个邻居老人，我的丈夫被气死。我是哥哥把我救出来才死里逃生的。"她揪人心肺的哭诉声,震撼着审判大厅,激起人们对战犯的愤恨。永富博之在众目睽睽之下,立即跪在地上,叩头谢罪。

三是菊地修一要求严惩自己。受害人张金旺手指着被告控诉道:"1944年10月9日,你指挥日军把我和俺村的11个农民,先用刺刀捅,然后扔进一个深井活埋了。只我一个人被抢救出来,左腿、耳朵都受重伤,你看,把我害成终生残疾!"菊地修一低下头,连声说:"我谢罪,请严惩我吧!"

四是大野泰治供认他亲自审讯并建议杀害抗日英雄赵一曼的罪行。该犯原是伪满洲国滨江省公署警务厅外事股长。在审判员的提问下,他说:"赵一曼在胳膊、腿负伤后被俘,我拿鞭子抽打她的伤口,逼问共产党的组织和活动情况。她被关押在哈尔滨警务厅拘留所地下室时,我还用木棒打她的胳膊,捅她的腿。"他供认给他的直属上司特务科长山浦清人写报告,建议:"要尽量利用这个女人,破坏共产党的活动,不行就把她杀害。"①

审判中,日本战犯菊地修一做了最后陈述。他说:"我作为日本帝国主义发动侵略战争的工具,侵犯了中国神圣的领土,并且实施了违反人道主义和国际法准则的杀光、烧光和抢光的'三光'政策,'扫荡'和平农村时,以射死、刺死、烧死、斩杀、散布细菌、

---

① 马明:《太原审判日本战犯》,载《炎黄春秋》,2001(11)。

推下悬崖等手段残杀和平居民。还把俘虏作为刺枪术的活靶，令新兵突刺，进行残杀。又烧毁村庄，使无数中国人民失去家园……我又抢夺农村所有财物，不留余粮，使中国人民陷入不得不吃树芽、草叶或饿死的悲惨境遇。日本帝国主义投降后，我公然违反《波茨坦公告》，企图复活日本军国主义，与阎锡山勾结，参加了崞县攻防战、晋中作战、东山攻防战，犯下了干涉中国内政、妨害中国的革命事业和破坏和平与社会发展的侵略和反革命的双重罪行。我于1944年11月上旬，以独立混成第三旅团独立步兵第七大队大尉第一中队长身份，指导该大队的第一、第二中队向山西省神池县进行'扫荡'，以搜索一名部下尸体为借口，于11月10日在神池县宋霸王村附近非法逮捕了13名手无寸铁、辛勤劳动的居民，加以拷问后，于11日早晨，为了给战死的部下'报仇'，抱着'如果是中国人的话，杀多少也没有关系'的民族优越感，将11名和平居民逐个地用刺刀刺杀，投入井中，然后从上面投下石头将其砸死。并使一名受重伤致残者失去了劳动力。我就是这样剥夺了这些人一向全家团圆的幸福生活，(哭声)使许许多多的寡妇和孤儿陷入痛苦的深渊。不仅如此，被夺去丈夫的和夺去父母亲的亲人们在痛恨之余哭瞎了眼睛，还有二人因忧闷而死，有的小孩也因此死去。我犯下了不可容忍的严重罪行。这是人能做的事情么？……最后，我将永远不能忘记1956年6月15日在特别军事法庭上，听到由我所造成的严重伤害的张金旺君的控诉，想到这种憎恨及一生的痛苦时，我犯的罪恶是何等严重啊！我衷心谢罪。我要以苏醒的良心宣誓：无论如何不再参加侵略战争，无论如何不再盲从军国主义者，无论如何也不再干危害和平人民的事。法庭唤醒了我的良心，给我指出应走的道路，我要做一个真正的人，以实际行动诚心诚意地报答中国人民仁至义尽的、难以言语的伟大关怀。"

特别军事法庭在太原开庭审理的还有富永顺太郎战争犯罪和特务间谍犯罪案。于6月10日开庭，6月19日根据（56）特军字第二号判决书，宣判该战犯有期徒刑20年。

1956年太原战犯管理所在押的129名日本战犯，除两案、9名罪大恶极者被起诉判刑外，还有120名属于"次要的或者悔罪表现较好的日本战争犯罪分子"。6月21日，根据中华人民共和国全国人民代表大会常务委员会《关于处理在押日本侵略中国战争中战争犯罪分子的决定》第一条第一款，由最高人民检察院检察长张鼎成指定工作团副团长、检察员井助国在山西机械厂大礼堂宣读《中华人民共和国最高人民检察院(56)检免字第一号决定书》，对上中正高、大矢正春等40名战犯从宽处理，免予起诉，即行释放。7月18日，又宣布第二批免予起诉的战犯小羽根健治、小宫正香等32名。在前两批战犯宣布免诉释放后，为便于管理，太原战犯管理所在押的小林高安、小川恒夫等战犯移交抚顺战犯管理所集中关押。随后于8月21日宣布免予起诉，宽大释放。

这一历史性的审判以及大量前期侦讯工作，不仅在当时运用党和国家的政策、法律和法令，成功地改造了日本犯罪分子，使他们幡然悔悟，认罪自新，而且为日后反对侵略战争和改善中日关系起到了积极的推动作用，其功彪炳史册。

太原日本战犯管理所旧址

太原战犯管理所成立于 1952 年，原址在太原市城北原省公安厅看守所院内。这里关押、改造的日本战犯，多数是 1948—1952 年间从中国各地陆续被捕，并于 20 世纪 50 年代初分批从解放军华北军区培训团、华北行政委员会公安局、中南行政委员会、天津市公安局、山西省公安厅等单位转押而来，共 136 名日本战犯。他们在日本战败投降时的军衔和职务，分别是校级军官 2 名，尉级军官 38 名，下士和士兵 25 名，行政官吏 27 名，特务、警察、宪兵 30 名，企业管理者 14 名。在这 136 名日本战犯中，于日本投降后又加入蒋介石、阎锡山集团，并参与反共战争者有 132 名。其中，军事人员 98 名，特务间谍 14 名，其他人员 20 名。他们所在蒋、阎军队中的军衔和职务，分别是少将 7 名，校级军官 80 名，尉级军官 16 名，特务、医生、技师等 29 名。从 1952 年至 1956 年，这批战犯在山西太原关押共历时 4 年零 4 个月。

在这 136 名日本战犯中，有 7 名在关押期间因病死亡，故实际关押在太原战犯管理所的日本战犯共 129 名。他们之中有原日本关东军高级参谋、山西产业株式会社社长、西北实业公司总顾问、曾制造"皇姑屯事件"并炸死张作霖的河本大作；有杀害中国抗日女英雄赵一曼的凶手大野泰治；有曾将 340 名中国被俘人员作为"活人靶"以训练日军刺杀的教官住冈义一；有指挥日军三次"扫荡"

晋中各县、大肆掠夺粮食财物的城野宏；有组织、领导特务间谍活动抓捕、刑讯和残害中国人民的富永顺太郎等。这批战犯侵华期间在山西所犯罪行有：杀死无辜民众25827人，掠夺粮食236600余吨，掠走耕畜13309头，烧毁房屋23500间，奸淫妇女997人……

这里关押的日本战犯经历了从绝望对抗到认罪伏法的演变过程。入所初期，侵略成性的战犯们，普遍否认自己有罪，百般不服管教，处处挑衅捣乱，气焰相当嚣张。他们还顽固地坚持军国主义的思想，认为"天皇"是"天神"，武士道精神是军人的最高品质；认为日本大和民族是优秀的民族，不但可以征服亚洲，而且可以征服世界……

随着时间的推移，这些战犯们越来越感到绝望紧张，反动气焰更加嚣张，并利用各种方式进行对抗、抵制。当管理所在物质生活和医疗卫生上加以改善时，他们不但不感谢，反倒认为是"日本国家力量强盛而不可欺侮的证明"。有人还故意多领回饭菜，然后倒进便所。

这些战犯的主要犯罪行为发生在山西，使得他们增加了惧怕处死的心理。于是，出尔反尔推翻原供词者有之，寻找借口推卸罪责者有之，拒不认罪顽固抵赖者有之，隐晦罪恶装聋作哑者有之，笼统认罪不谈具体者有之，编造情节蒙混过关者有之，而且审讯的工作愈深入，他们也就显得愈为狡猾。但肃穆的特别军事法庭审判，扑灭了日本战犯的嚣张气焰。1956年开庭前已病死狱中的河本大作等7人的尸骨后来被运回日本。审判结束后不久，按照国家统一安排，服刑的日本战犯被送往抚顺战犯管理所继续改造，太原日本战犯管理所完成了自己的历史使命。1964年,被判处徒刑的战犯,或刑满释放或提前释放,所有在华日本战争犯罪分子全部被释放回日。

当侦讯日本战犯工作开始时,周恩来总理就提出:"20年后看效果。"正是由于中国政府和中国人民在管教、审判、改造日本战犯中采取了正确的政策,"临之以法,晓之以理","只憎恨罪,不憎恨人",生活、学习等方面施以人道主义,并组织他们倾听受害者控诉,参观中国社会主义建设,使人性和良知在这些恶魔使者的身上被唤回。

1956年,被"免予起诉"的日本战争犯罪分子被释放回国后,当即成立了"中国归还者联络会"(后改为中国归还者联合会,以下简称"中归联"),几十年来,他们始终遵循"反对战争,维护和平,发展中日友好"的誓言,走过了艰辛的道路。他们被日本的右翼分子称为被中国共产党"洗过脑"的人,处处受到排挤,工作、生活处于困境。尽管如此,他们坚定地反对美日新安全条约,为中日复交奔走呼吁;在靖国神社、南京大屠杀等问题上,他们义正词严,是非分明。"中归联"1957年出版的揭露日本帝国主义在中国犯下"杀光、烧光、抢光"的滔天罪行的忏悔录《三光》一书,曾经轰动一时。作者在书中大声疾呼:"我们期望下一代,不要重犯过去的错误。"后来,他们又积极反对日本向海外派兵。他们向议会投诉当年"残留运动"日本军方应负的责任。他们以现身说法,用种种事实揭露侵略者的罪行。中日邦交正常化后,"中归联"多次派遣友好访华团,去抚顺、赴太原,寻找管教过他们的"恩师",倾诉师生友谊,汇报交流从中国这个再生之地回到国土的情况。"中归联"

还组团赴抚顺战犯管理所，参加"向抗日殉难烈士谢罪碑"揭幕式，归国后还发行了《向抗日殉难烈士谢罪碑记录》小册子。1989年5月，猷河原为团长，率22名团员，在谢罪碑附近植树130株，以表谢罪之情。虽然"中归联"于2002年因故解散，但其对日本侵略中国真反省、真谢罪、真行动的主张得到世人的肯定。

编 后 语
BIANHOUYU

《山西八大文化品牌》一书是山西人民出版社2011年出版的一部关于山西文化品牌建设的研究性著述，具有很高的学术文化价值。该书出版后，深受各界好评。现在，应广大读者的要求，我们将山西八大文化品牌分册出版，以便阅读使用。

这套丛书是一项集体成果，为了较全面、准确地勾勒出八大文化品牌的内涵和外延，各分册均牢牢把握住"品牌定位"、"品牌内涵"、"品牌亮点"等三个基本内容进行探讨和论述，力求使全套书成为一个有机的整体。

在编著这套丛书的过程中，我们得到了山西省委宣传部和山西人民出版社的指导和支持。山西省委常委、省委宣传部部长胡苏平非常重视丛书的编写，提出明确的要求，并为丛书作序；山西省作家协会党组书记、主席（时任山西省委宣传部副部长）杜学文对丛书提出具体的指导意见，并进行了审定；省委宣传部副部长刘英魁对丛书出版给予了大力指导和支持；省委宣传部计协秘书处处长武献民在探讨各分册理论问题方面倾注了心血，审阅了全部书稿。对此，我们表示诚挚的感谢！

为编写这套丛书，我们邀集了一些领导和专家多次研讨，集思广益，力求不负众望，写出水平。但是，由于八大文化品牌此前的理论基础薄弱，写作多为原创，难度很大，虽经大家相互切磋，苦心研究，丛书仍然会存在遗漏、浅薄甚至谬误之处。我们希望丛书能够得到领导、专家以及读者的批评和指正，使山西八大文化品牌的理论研讨向纵深发展，并在实践活动中取得良好的社会效益和经济效益。

图书在版编目（CIP）数据

抗战文化／武献民等著 .—太原：山西人民出版社，2016.1
（山西八大文化品牌丛书）
ISBN 978 – 7 – 203 – 09346 – 6

Ⅰ.①抗… Ⅱ.①武… Ⅲ.①抗日战争 – 文化史 – 研究 – 山西省 Ⅳ.①K265.03

中国版本图书馆CIP数据核字（2015）第263851号

抗战文化

- 著　　者：武献民　杨丽红　赵树婷　王秀红
- 责任编辑：刘小玲
- 装帧设计：谢　成
- 出 版 者：山西出版传媒集团·山西人民出版社
- 地　　址：太原市建设南路21号
- 邮　　编：030012
- 发行营销：0351—4922220　4955996　4956039　4922127（传真）
- 天猫官网：http://sxrmcbs.tmall.com　电话：0351—4922159
- E — mail：sxskcb@163.com　发行部
  　　　　　sxskcb@126.com　总编室
- 网　　址：www.sxskcb.com
- 经 销 者：山西出版传媒集团·山西人民出版社
- 承 印 者：山西出版传媒集团·山西新华印业有限公司
- 开　　本：787mm×1092mm　1/16
- 印　　张：9.75
- 字　　数：107千字
- 印　　数：1 – 2 000册
- 版　　次：2016年1月　第1版
- 印　　次：2016年1月　第1次印刷
- 书　　号：ISBN 978 – 7 – 203 – 09346 – 6
- 定　　价：55.00元

如有印装质量问题请与本社联系调换